こじらせ女子の整理整頓術

じぶんデトックス

ほり

みらい
PUBLISHING

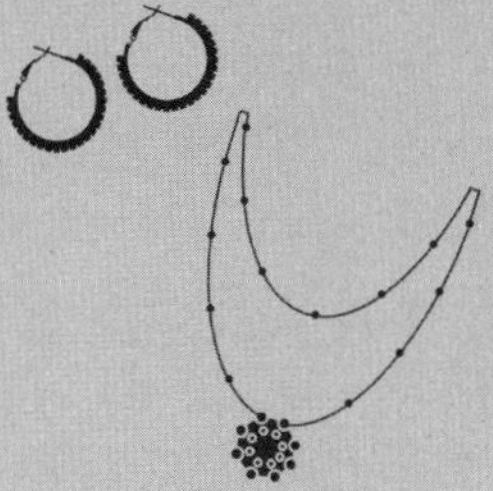

どれぐらいじぶんデトックスが必要なのか、
「じぶんデトックス必要度チェックリスト」で調べてみましょう!

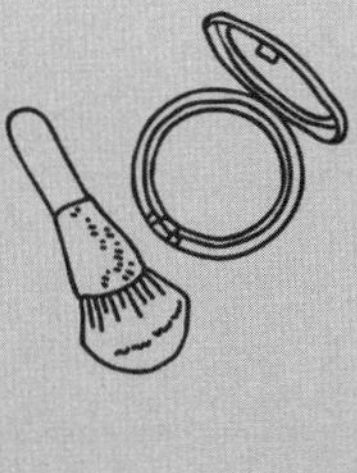

じぶんデトックス必要度チェックリスト

- [ ] 始める前から「頑張っても失敗するだろうな……」と思ってしまう
- [ ] 頑張っている自分をもっと認めてほしい
- [ ] ストレスによる衝動買いが多い
- [ ] まわりの意見を尊重しすぎてしまう
- [ ] 頑張りさえすればうまくいくはずなのになかなかうまくいかない
- [ ] まわりと自分をすぐに比較してしまう
- [ ] 「自分なんて……」と常に思っている
- [ ] 「綺麗な部屋の方が運気が良くなる」と知ってはいるものの、なかなか片付かない

チェックが1〜3つのあなたは
必要度25%

自分迷子の沼に膝まではまった状態。
気付かぬうちに身動きが取れなくなる前に、
じぶんデトックスを始めましょう。

チェックが4〜6つのあなたは
必要度65%

自分迷子の沼に腰まではまった状態。
溺れて大変なことになる前に、
現状を認めて「抜け出す！」と決めましょう。

チェックが7つ以上のあなたは
必要度100%

自分迷子の沼にどっぷりはまった状態。
これ以上の自分責め&沼の重鎮化しないためにも
じぶんデトックス必須！です。

はじめに

小学校の最後の運動会のこと。

私は、対抗リレーに向け、毎朝公園で走っていた。自信はなかったけれど、頑張ったから大丈夫！　そう自分に言い聞かせていた。

けれど当日、私はどんどん抜かされ、6人中5位。

私は頑張ってもうまくいかないんだな、人に迷惑をかけてしまうんだな、とショックを受けた。

「できない自分」を強く実感したこの日から、自分迷子の沼生活はスタートしました。

「私なんて価値がないし……」とあれこれ悩むうちにさらに低くなる自己肯定感。

自分のことなんて、到底好きになれない……と思っていませんか？

でももし、ダメだと思っている自分を好きになることができたら？

じぶんデトックスをすると、自分軸が明確になる上、今まで自分を縛っていた価値観や思考がモノと一緒に、デトックスされます。すると、肩の荷が降りたように生きることが楽になり、知らないうちに「私は私のままでいい」と、思えるようになります。

そうなれば、ひとりで抱えている、生きづらさから抜け出せそうだと思いませんか？

そうなるために、効果的なのが本書で紹介する整理整頓です。

たとえ、シートA **「じぶんデトックス必要度チェックリスト」**で、じぶんデトックス必要度が１００％だったとしても気にすることはありません。

私自身、33歳の頃に取り組んだ整理整頓でガラリと人生が変わりました。部屋がスッキリするのはもちろん、心の奥底に溜まっていた「ダメな自分」の原因もスッキリ取り除かれ、生きづらさから解放されたのです。

はじめまして。自分迷子の沼脱出コーチの小川かほりです。

現在、コーチングをベースにした整理整頓術をお伝えしています。

私は幼少期から他人の顔色を伺い、他人の意見を優先し、ちゃんとしなきゃ、頑張らなきゃといつも考え、誰も求めていないズレた頑張りを続けていました。生きづらいと思いつつも、みんなもこんなものだろうと信じて疑わなかったので、生き方が変わることもありませんでした。

20代後半で結婚、生きがいだった仕事を辞め転勤、うまくいかない新婚生活、程なくして離婚……と、30代前半で迎えたどん底期。あまりにもうまくいかない自分の人生を疑ったときに初めて、人よりも自己肯定感が低いことをやっと自覚したのです。

もうこれ以上頑張れない！　こんな人生抜け出したい！　と死に物狂いで始めたのが、本書でご紹介する整理整頓術です。

ネガティブなきっかけでしたが、整理整頓を通して今まで向き合ってこなかった自分を知る楽しさを味わい、行動を起こしている自分に自信が湧き、ガチガチに固まっていた肩の荷が「捨てる」ことでストンと降りて……。続けるうちに没頭し、いつの間にか**「私は私のままでいいんだ」と思考は変化した**のです。

もう頑張らなくてもいいんだ、自分の人生を生きるって楽しいかも、と思えるほどにまでなりました。

そして、ずっと不妊で悩んでいた方のご懐妊。一生ひとりかもしれない、とひっそり泣いていた方のご結婚。自分のことを低く見積もっていた方の独立。サポートさせていただいた方が次々と変化していく姿を目《ま》の当たりにする中で、これはもっと広めなければ！　と思いはさらに大きくなっていきました。

そんな中、サポート最終日にあるお客様が発した「私と同じように悩んでいる人に知ってほしい！」という言葉。整理整頓術×コーチングの効果を体感した人がそう言うなら間違いないという想いは確信に変わり、この本を執筆するに至りました。

さて、整理整頓術がなぜここまで効果があったのか。不思議に思うかもしれませんが、それには次の3つの理由が挙げられます。

①自分を縛る他人軸からの解放

いつの間にか自分を縛っていた、他人の価値観や世間の評価。そんな他人軸によって選ばれたモノに向き合うことで、何に人生を振り回されていたのかを知ることができます。さらに、自分の意志を尊重して手放すという具体的な行動を起こすことで、目に見える環境の変化とそれに伴う感情の変化を体感することができます。

②心と体を動かして自己肯定感&自信アップ

整理整頓を続けることで、自分にふさわしい環境を整える喜びや、行動したことが結果につながった成功体験を味わうことができます。これらの経験は、自己肯定感を上げる作用でもあります。つまり整理整頓によって、おうちが整うのはもちろん、自然と在り方も整い自信が

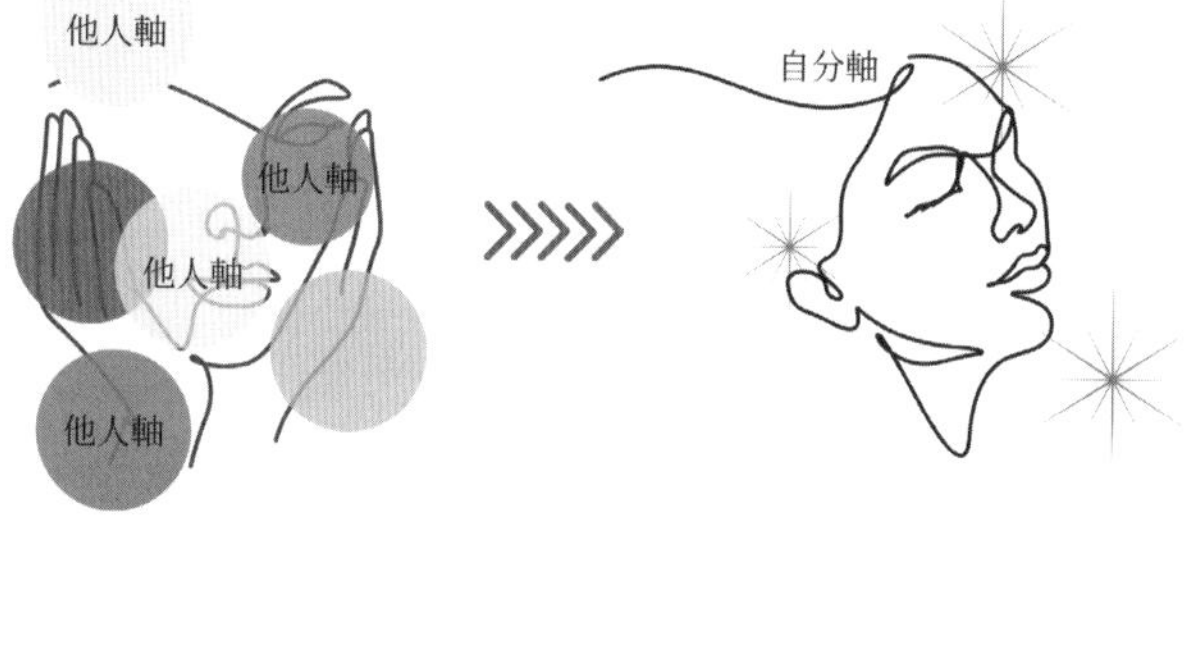

つくのです。

③自分らしい生き方に必要なスペック強化

捨てるのか、持ち続けるのかといった取捨選択を繰り返す中で、決断力や行動力、継続力など様々なスペックが強化されます。これらは、望む人生を選び、自分らしく切り開くために必要不可欠な能力です。整理整頓をするだけで、弱々しかった能力は勝手に磨き鍛えられます。

この3つの効果が合わさり大きな内面の変化が起こったことで、私は自分迷子の沼から抜け出すことができました。そして私だけでなく、お客様の人生もガラリと変わったのです。

✓取捨選択に自信を持てない
✓本当はどうしたいのか、わからない
✓諦めにより、妥協を選択することが日常化

✓人生に迷っている

そんな「自分迷子の沼」にはまっていませんか？
そろそろ、勇気を出して抜け出しませんか？

生きづらさから抜け出したい、変わりたい、と思っているのであれば、**今やるべきは整理整頓です。**

自分迷子の沼にはまっていると、自分軸が明確でないため、選択と決断に自信を持てません。なんとかしようと本を読み、YouTubeを眺めても、実際に行動に移すことができなければ、自己肯定感を上げることはできません。いくら人生を変えようと片付けをしても、表面的な片付けでは人生は変わらないのです。

本書には、整理整頓をしておうちが整う未来と、自己肯定感が上がり自信がついた未来を一冊で手に入れる方法をまとめています。

まずは**「じぶんデトックス必要度チェックリスト」**で、あなたにとってなにが必要なのかを把握した上で読み進めていってくださいね。

↓シートA

途中の設問や**「ライフマップ作成シート」**も活用していただくことで、自分迷子の沼から抜け出すことができるのはもちろん、抜け出した後の未来も実現しやすくなります。

あなたには、あなたにしかない魅力があります。ぜひ、整理整頓を通して、私は慈しまれる存在だと気づき受け入れてください。そして、今まで以上に自分のことを大切にしてください。これが自然とできるようになれば、生きづらい人生からはいつの間にか抜け出せているはずです。

心から満足できる人生を歩めるよう、本書が役に立てば幸いです。

目次

chapter 3

沼から抜け出すためのじぶんデトックス実践法

chapter 4
自分軸を磨き育てるじぶんデトックス～7つのチカラ～

chapter 5

自分との対話を増やせば人生が巡りだす

エピローグ

自分と向き合えたら一生無敵！　心が喜ぶマイライフを楽しもう

プロローグ

ちゃんと頑張っているのに人生どん底。
そんな私にやっと刺さったひとつの気づき

整理整頓が気づかせてくれた「あるじゃん!」という事実

もし、あなたが「生きづらいなあ……」という本音を心の奥底に抑え込んでいるのであれば、まずはおうちと心を整理整頓する必要があります。

なぜなら、今までの人生で培ってきた価値観や思考、ライフスタイル、モノたちを一度スッキリとデトックスして身の回りも心も整えなければ、あなたが心から望む生き方が見えてこない上、そこに向かうエネルギーさえも湧いてこないからです。

特に自分迷子の沼にはまっている女性は、それなりに人生経験を積み重ねたことで、ある程度自分というものが確立しています。

✓親や世間の顔色を伺ってしまう
✓決断に自信が持てずに、意思決定をまわりにゆだねてしまう
✓正解を求め、自分探しを続けてしまう

こうした傾向さえも自分らしさだとしてアイデンティティを確立してきたので、

余計に「今までの私」を脱ぎ捨てにくくしているのです。
しかし「今までの私」を選択し続けてしまうと、現状から抜け出すことはできません。だからこそ、整理整頓をしてデトックスする必要があるのです。

私自身、本気で整理整頓に向き合ったときは、「33歳・バツイチ・フリーター」でした。当時は好きな人たちとやりがいのある仕事をしていたし、家でのんびりしたり、カフェや本屋に出掛けたりして休日も好きに過ごしていました。思い返してみてもなんだかんだと楽しく過ごしていました。

ただそれは、頑張ってそう在ろうとしていただけのこと。心の中ではずっと、
・バツイチなんてダメだ
・いい歳なんだから早く正社員にならなきゃ
・みんなみたいにちゃんと結婚して家庭をつくらなきゃ
と自分を責め続けていたのです。
意識は完全に「何もない自分」に向けられていました。

「ない」ことばかりに目がいき、SNSの中に広がるキラキラとした人生を送る人たちが本当に羨ましくて。

どんどん視野は狭くなり、目の前に広がる現実世界よりも小さな画面の先に広がる世界の方が素晴らしいのではないか、楽しそうに生きているまわりの人に比べると私は本当にダメだな、そんなことばかり考えていました。

当時の私は、自分と向き合う心の余裕もなければ時間もなく、現実から目をそらし、人生を諦めていました。そんな自分が心底嫌になったから、整理整頓を始めたのです。

数年前に購入したスカート一枚を手にして、

・このスカートは、仕事帰りに、○○百貨店で購入したな……。

・このスカートを履いて、〇〇ちゃんとショッピングに行ったな……。
・このスカートを履くと、足が細いって褒められたなぁ。
など、思いを馳せていると、気づいたのです。

「あれ？　私、何もなくない。たくさんあるかも」

この本を手に取ってくださっている方は、片付けで人生変わるよ、という言葉を聞いたことがあるかもしれませんね。私もこの言葉を鵜呑みにして、やってみたことがあります。ただ、そのときは部屋が綺麗になっただけで、特に人生は変わりませんでした。何も変わらないな、汚部屋じゃなかったからかな、と不満だった記憶がありますが、今思えばこれは私のやり方がまずかっただけなのです。

そもそも

・整理整頓……不要なモノを捨てて必要なモノを使いやすく整えること
・片付け……散らかっているモノを整った状態に収めること

このように言葉の意味も似ているようで違います。

本書で紹介する整理整頓術は、ただ不要なモノを捨てるだけではありません。**これからの人生に必要なモノはなんなのか、不要なモノはなんなのか、**という自己対話をしながら判断することを大切にしています。そして、その先に続く人生と向き合うことを前提としています。

むしろここがすっぽりと抜け落ちていると、何をやっても気づきは生まれません。

整理整頓により、**今まで見落としていた大切な何かに気づくことができます。**自分迷子の沼にはまっているのであればなおさら、持っているたくさんのモノに目を向ける必要があるのです。

頭で考えすぎると「ある」を見落としてしまう

あれこれ悩むうちに低い自己肯定感がさらに低くなり、やっぱり私はダメだなあと硬い殻に閉じこもってひとりで迷走……。そんな自分迷子の沼にはまってしまうと、たくさんの「ある」を見落としてしまいます。

頭で考えすぎると、特に心の動きが鈍くなります。鈍くなるというよりも、これ以上傷つかないように、自分を守るために、鈍くしているのかもしれませんね。

心が鈍くなると、何が楽しくて何に喜びを感じ、何が嫌なのか、何をしたいのか、など生きていく上で大切な自分軸を見失います。その結果、ますます自信がなくなり、自分を諦め、自分迷子の沼に深くはまってしまうのです。

そしてさらに、心が鈍くなると思考がうるさくなってきます。心が鈍っていないときは良い働きをする思考ですが、調子に乗ってくると出しゃばって、

・こうあるべき！

・普通はこうでしょ！

・ちゃんとしなきゃ！
・頑張らないと！
と頭の中に不要な言葉を散らかし始め、目の前にあるモノ、存在しているモノを見えなくするという恐ろしい行為を始めます。

そう、**「ある」が見えなくなり、「ない」に完全に意識が向いてしまうのです。**

「ない」となると、ない自分を埋めるためにモノを集め出します。料理ができないから結婚できないんだ、だったらもっと頑張らなきゃ！　と好きでもない料理本や調理器具を買い集めたり、こんなに仕事しているのに認められない、だったらもっと頑張らなきゃ！　と評価や肩書きを求めたり……。
「ない」を埋める方法ばかりを考えていると、心はさらに鈍くなります。その結果、自分迷子の沼にはまってしまい、沼の奥底へと突き進んでしまうのです。

人は、自分が見たいように自分の世界を見ています。
「ない」世界を生きて、「ない」状態を見ていると、本当はあったとしても「ある」

と認識することができません。

自分迷子の沼から抜け出すためには、「ある」を見落としてしまう自分を変えていく必要があります。その方法として効果的なのが、じぶんデトックスなのです。

モノと向き合う過程で「ある」が腑《ふ》に落ちる理由

整理整頓は、目の前のモノと向き合う中で、持ち続けるのか手放すのかを判断していきます。その過程には、

- ✓実在するモノと向き合うことで改めて「ある」を体感すること
- ✓目には見えないけれどモノを介して「あった」事実を思い出し実感すること

これらの経験が含まれています。この視点をちょっと深く掘り下げてみる行為が、「ある」の本質的な気づきに繋がります。

本当はたくさんあるのに、私には何もないと思ってしまうときというのは、**あるはずのモノが目に入っていない状態**でもあります。

以前、整理整頓サポートをさせていただいたAさん。「片付けが苦手なのでそんなに服は持っていません、着たい服がないのが悩みです」とおっしゃっていたのですが、クローゼットを開けると、そこにはパンパンに服が詰まっていました。たくさんの服は、Aさんの目には写っていないようでした。1着ずつ服を取り出し整理していると、Aさんの表情が変わり、「私、ないないって思っていたんですけど、たくさんありますね」と一言。あちゃーという表情でしたが、大切なことに気づかれたようでした。

実際に目で見て手に触れることで、改めて「ある」は体感できます。当たり前でしょ？　と思うかもしれませんが、意外と私たちは見落としています。ないと思っているうちは、本当はあったとしても全く目に入りません。とにかくまずは、本当はあるという現実を体感する必要があります。

体感できたら、次はあった事実の実感です。

アルバムや手紙などは思い出が蘇ってくるからなかなか捨てられない、片付けに時間がかかってしまうので手を付けるのは億劫、こんな経験はありませんか？　思い出に浸りすぎると手が止まるのでほどほどに……と言いたいところですが、これはモノを介して思い出される「あった」事実を実感している大切な行為でもあります。

先ほどのAさんは、「服がない・時間がない・お金が貯まらない」という悩みをお持ちでした。しかし実際はクローゼットがパンパンになるほど服はあったし、服を買う時間もお金もありました。ネットで購入したのであれば、ネット環境が整った便利な暮らしがあるし、働いて得たお金で購入したのであれば、給料をもらえる仕事があります。働き続けられるスキルもあります。たった1着の服からでも、たくさんの「ある」は見えてきます。

私には何もないと思っていても、本当はたくさんあります。

頭でぐるぐる考え続けているから、「ある」を見落としてしまうのです。**モノと向き合い心を動かすこと。ちゃんと「ある」という現実に目を向けること。**そうすることで、たとえしんどい毎日でもその中にある幸せに気づくことができるようになります。

頑張り続けなければならない人生をふっと抜け出す魔法の言葉

本当はたくさんのモノを持っているのに、あなただけの良さも魅力もスキルもすべて持っているのに、「ある」を見落とし続けてしまうと、もっと得るため、「ない」を埋めるためにいつまでも頑張り続けなければなりません。

あなたは本当に、これからもそんな生き方を続けたいですか？

今までと同じように、頑張り続けたいですか？

これからはもう、頑張り続けなくてもいい生き方、自分らしく心が喜ぶ生き方をしたいのなら、「ない」ではなく「ある」に目を向け続けるように意識を変える必要があります。といってもすぐに意識を変えるのは難しいですよね。そんなときは、

「あるじゃん！」

と、ぜひ口にしてみてください。自分にはなにもない、だからダメなんだ、もっとちゃんとしなきゃ、そんな思考が湧き上がってきたときほど「あるじゃん！」です。

「ある」に目を向ける思考のトレーニングを意識的に続けることで、常に「ある」を感じることができるようになります。

思考が変われば発する言葉が変わり、言葉が変われば行動が変わり、行動が変われば習慣が変わります。少しずつ変化を起こしていけば、今までの自分とは違う自分に変わることができます。

このときひとつ注意したいのが、「思考の声に気をつけること」です。頭で考え過ぎて思考がうるさい状態だと、「ある」に目を向けようとしている自分、不安を乗り

越えようとしている自分に対して「だから私はダメなんだ」と余計なジャッジを加え、批判してきます。うるさい思考の声にくじけていては、自分迷子の沼から抜け出すことはできません。

現状から抜け出そうともがいているありのままの姿をしっかり受け入れた上で、余計なことを言ってくる思考の声は華麗にスルーしていきましょう。

整理整頓をして、今までの人生で培ってきた「じぶん」を一度デトックスしたところからが、本当のあなたらしい人生のスタートです。

chapter 1

知るのは怖いけど気になる……
「そもそも私はなぜ、
自分迷子の沼にはまっているのだろう？」

自分迷子の沼にはまっていた3つの理由

「頑張っているけど、どうせ……」、「私なんて……」こんなことを考えながら生きるのは本当に生きづらいもの。ですが、30年以上こうやって生きていると、この生き方や思考は自分にとって当たり前です。なので、疑問を持つことすらないのかもしれません。

しかし、「そもそもなんで、私は自分迷子の沼にはまっているのだろう？」という疑問を持つこと、そしてその理由にこそ生きづらい現状を抜け出す大きなヒントが詰まっています。

自分迷子の沼にはまっている女性たちには、3つの共通点があります。

共通点① 本音に蓋をして自分を偽ってしまう

我慢すればうまくいく、頑張ればなんとかなる、という考えで生きてきたので、本音を押し殺しがちです。

✓本音に向き合わないのでいつまで経っても問題が山積み
✓無理して明るく振る舞い、口癖は「うん、大丈夫だよ」
✓現実を見なくてもいいように、常にスケジュールはパンパン

など、まわりの意志を尊重して自分を後回しにし続けてしまいます。その結果、自分の本音はどこにあるのか、何をしたいのかがわからなくなるのです。

共通点② 他者に決断をゆだねてしまう

他者よりも劣っている自分、ダメな自分が下す決断を信用しておらず、失敗して迷惑をかけるのも嫌なので決断から目を背けます。

✓ああしなさい、こうしなさい、と言われて育ってきたために自分の意見は言わない方が良いと思ってしまう
✓まわりの人が決めた方がうまくいくので、意思を持つことを諦めてしまう

✓思考を放棄し、自分のことでも決断をまわりにゆだねる

このように、大切な意思決定も他者にゆだねることに慣れてしまうため、本音を見失い、妥協した選択が日常化してしまいます。

共通点③ 自己肯定感が低い

自己肯定感が低いと、何をやっても満たされません。仕事でミスをしたという事実ひとつとっても、「ミスをしてしまった、だから私はダメなんだ」と、事実と解釈が乖離《かいり》する受け取り方をします。さらに、

✓自分なんて何をやってもうまくいかない、

と行動を起こすことをためらう
✓承認欲求が強くなり、他人に認められるよう振る舞う
✓他人と自分を比べ、自己嫌悪に陥る

といった状態で生活を送るため、人生に様々な問題が生じやすくなります。

これらは、自分迷子の沼にはまることなく人生を楽しんでいる人からすると、びっくりしてしまうような共通点かもしれません。確かに、ネガティブな共通点ばかりです。

ここまで読んでみて「もしかして私、ずっとこのままかも……」と心配になるかもしれません。しかし、大丈夫です。整理整頓をすることで、自分迷子の沼を抜け出すことは可能です。

沼を抜け出す準備を始める1日10分の「おうちカフェ時間」

厄介な自分迷子の沼は、整理整頓を通じて「自分を理解し、どうしたいのかを考え、行動に移す」というルーティーンを繰り返すことで、誰でも抜け出すことは可能です。ただ、慣れ親しんだ沼からいきなり抜け出すというのは、意外と不安になるもの。一気に力技で抜け出そうとするのではなく、事前準備をした上で整理整頓を進めていくことが大切です。

ここで事前準備として進めていただきたいのが、1日10分の「おうちカフェ時間」です。

準備するのは**「飲み物・お菓子・ノートとペン・ライフマップ作成シート」だけ。**

↓シートB

美味しいお茶を飲み、リラックスしながら、頭の中や心の中に溜まっているごちゃごちゃとしたモノを書き出し、まずは「自分を理解し、どうしたいのかを考える」という部分にしっかり向き合いましょう。

書き出しは、次の順番で進めていきます。

①今感じていること、思っていることを淡々と正直にノートに書き出す。
②書き出したことを眺め、余計なジャッジを加えることなく自分の気持ちを知り、受け入れる。
×私はこんなこと考えてるんだ、なんて腹黒いの！　だからダメなんだ！
○私はこんなこと考えているんだな（以上）
③自分の気持ちを知り、受け入れた上で、ライフマップ作成シートの項目について「どうなったら、本当はもっと幸せ？」と自問自答しながら書き出す。

自分の話に「うん、うん」と耳を傾けてあげながら、考えていることや本音を受け入れてあげましょう。改めて自分自身と良好な関係性を築いていく、仲良くなる、そんなイメージで進めていくのがおすすめです。

1日10分、おうちカフェ時間が習慣になれば、自分と向き合い本音を引き出すこ

ライフマップ作成シートB

家族

距離感、関係性、など

人間関係

友人関係、共通の趣味の集まり、など

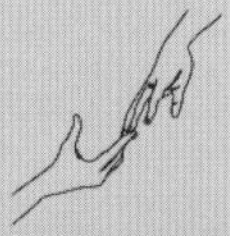

人生の課題・テーマ

大切にしたい価値観、在りたい姿、など

お金

必要な額、使い方など

パートナーシップ

関係性、価値観、求める性格など

趣味・楽しみ

好きなこと、必要なこと、など

体の健康・美容

理想、目指したい状態、など

仕事・キャリア

内容、満足度、今後についてなど

とが習慣になります。対話を通して、日常で見逃していた大切なことにも気づくことができるでしょう。

1日10分も時間をつくるなんて難しい……。そんなときは、週末の1時間でも大丈夫です。とにかく、自分と向き合う時間を意識してつくることが大切です。

最近、心から休息できていますか？

リラックスする時間、意識的につくっていますか？

頑張らなきゃ！　と焦って動いても、上手くいかず余計深みにはまるだけ。今あなたに必要なのは、がむしゃらに頑張ることではなく、「休んでいいよ」とオッケーを出してあげることかもしれませんよ。

自分との対話時間がもたらす3つの効果

おうちカフェ時間は「ノートに気持ちを書き出す」という単純な作業ですが、この作業は自己対話という大切な時間でもあります。そして、わざわざ時間をつくるからこそ得られる効果があります。

効果① 心の声に耳を傾けることで、本音がわかるようになる

ああだこうだと頭の中でぐるぐる考えていると、心の声はいつの間にか「どうせ」、「私なんて」という思考でかき消されてしまいます。時間をつくり、書き出しをしながら心の声を可視化することで、本音がわかるようになります。

効果② どうしたいのかを考え、自分で決めて行動できるようになる

書き出した内容に余計なジャッジを加えないことで、自分が考えていることを直視できるようになります。そして自分の意思が明確になるので、主体的に行動を起こせるように変化します。

効果③ 結果や実績が自信になり、自己肯定感が高まる

「どうなったら、本当はもっと幸せか」という問いに対して、自分で考え行動を起こし、欲しい未来を手に入れる。この成功体験の積み重ねは、大きな自信になります。繰り返すことで段々と思考が変化し、自分迷子の沼を抜け出した未来をリアルに体感できるようになります。

自分との対話が足りていないと、これだけの効果を逃していることになります。

以前サポートをさせていただいた「忙しい！」、「時間がない！」が口癖のBさん。ごちゃっとした部屋にイライラするのが嫌で、「そんな自分を変えたい」部屋が散らかっているからなのか、「思考もごちゃごちゃするのでスッキリさせたい」と連絡をくださいました。おうちカフェ時間を提案させていただいたのですが、最初は「そんな時間はありません。もっと早く効果があるものはないですか？」とあまり乗り気ではなく……。自分と向き合うことをしないから、自分にとって本当に大切な時間がわからないこと、優先順位をつけることができないことを説明すると、やっと少しずつ自分と向き合う時間をつくってくださるようになりました。

2週間も続けてもらうと、かなり穏やかな表情に。最終的には「おうちカフェ時間なんて時間の無駄だと思っていましたが、その姿勢があの忙しさや上手くいかない現実を引き起こしていたんだな、と自分と向き合う中で気づくことができました」と笑顔で心境の変化を話してくださいました。

のんびりお茶を飲むのも、もちろん幸せなひとときです。ただ、せっかくなら、自分と向き合う時間をわざわざつくってあげましょう。そうすることできっと、生きづらさから抜け出すきっかけをつかむことができるはずです。

今を受け入れ「本当はどうしたいんだろう?」をイメージしてみる

あなたが本当に人生を変えていきたいのなら、余計な思い込みや感情が加わっていない本音をしっかりと引き出し、フラットな視点で理想を描く必要があります。

理想を明確に描き、その上で現実を見て、理想と現実との間にあるギャップを埋めるための行動計画を立てる。このステップを踏むことで、欲しい未来は実現します。

しかし自分迷子の沼にはまっているときというのは、「どうせ」、「私なんて」という思考で基本的に自分をおさえつけているので、本当はこうなりたい、こうしたい、という理想を描くこと自体が難しい状態です。さらにフラットな視点で現実を見ていないので、今と未来にズレが生じてしまうのです。

現実を直視することなくキラキラした未来を描いても、ギャップが大き過ぎるとそこを埋める作業が苦痛になってしまうもの。今をしっかり受け入れることができたら、大きなズレも生じることなく理想を描くことができます。

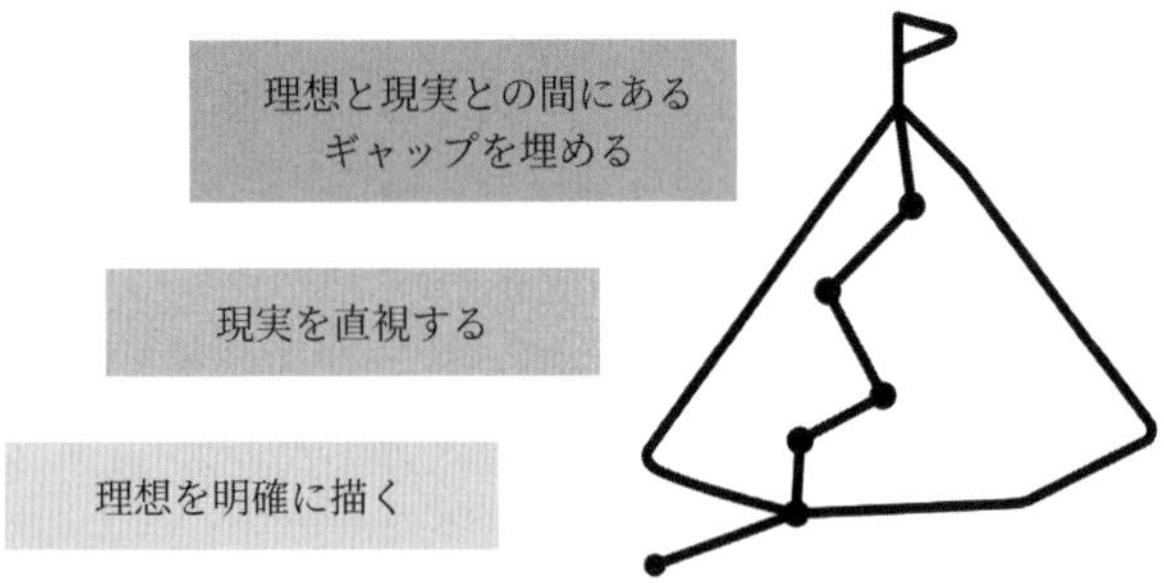

今の生きづらさから抜け出したあなたは、どんな人生を歩んでいると思いますか？そのとき、どこに住んで誰と一緒に過ごして、どんな仕事をして、何を食べて、どんな服を着ていますか？

こう聞かれても、どうしたいのかなんて最初は出てこないかもしれません。幸せになる選択なんてわからない、自信を持って選ぶことなんてできない、と思うかもしれません。さらに、自分を見失っている時間が長ければ長いほど、本心とは違う偽りの願いが出てくることもあるでしょう。

それでも、自分に向き合い理想をイメージする作業を繰り返していくうちに、だんだん「自分らしさ」はわかるようになってきます。そして、その自分らしさや判断基準をより明確にしていくのが、整理整頓なのです。

おうちカフェ時間では、

✓「現在地」「今」をしっかりと受け入れ自分を理解する
✓これからはどんな人生を歩みたいのか、という理想を描くこの準備を進めてきました。

次は、自己対話をする中で知ることができた「これからの人生に必要なモノはなんなのか」、「今の自分に不要なモノはなんなのか」という判断軸をブレさせないための大切なポイントをお伝えします。

chapter 2

「捨てる勇気」と「持つ決断」が
あなたの未来を決めていく

モノも人生も心の声に従って取捨選択

自分迷子の沼は整理整頓をすれば抜け出すことができますが、その過程で忘れてはならないのが心の声に従って取捨選択することです。

心の声をスルーして「普通は」、「30代の大人女子なら」といった価値観を優先し、誰かの顔色を伺った意思決定をしていると、整理整頓をしても人生を変えることはできません。

とはいえ、普通はこうだよねという価値観を優先したり、誰かの顔色を伺った意思決定をしたりするのは、しんどいようで実は楽な選択をしています。

心の声をスルーしておけば、「普通はこうだよね、でも私はこう思う」という意思表示をする必要はありません。もちろん、職場や友人と集まったときなど、場の空気や輪を乱さないようにあえて意思表示をしないこともあるでしょう。そうではなく、傷付くかもしれない、否定されるかもしれないという根底にある不安から逃れるためには、心の声をスルーしておいた方が正直なところ楽なのです。

『エッセンシャル思考』の著者グレッグ・マキューン氏は「選ぶ力は自分だけのもので、誰にも奪えないことを理解しなければならない。選ぶことを忘れた人は無力感にとらわれ、だんだん自分の意志がなくなり、他人の選択を黙々と実行するだけになる」と述べています。

心の声を聴くことは、他人の人生ではなく、自分の人生を生きる上で必要な意志を知る作業です。優先すべきは、他の誰でもないあなた自身です。心の声を後回しにし続けた結果が今の「生きづらさを抱えたあなた」であり、現状に苦しんでいるのであれば、今ここから変えていきましょう。

取捨選択をする基準は「あなたの素直な心の声」です。

これが好き！　これはもういらない！　という素直な声を聞き取り、要不要を判断していきましょう。何度も取捨選択を繰り返すことで、見失っていたあなたらしさや魅力が輪郭を表してくるはずです。

心の声に従った取捨選択ができるようになれば、人生における優先順位も次第に明確になってきます。そして本当に大切にしたいことを選択できるようになり、いつの間にか望む生き方を実現できるようになります。

もし、心の声がわからなくなったら、おうちカフェ時間で使っているノートを見直してみましょう。リラックスした状態で書き出したノートの中には、素直なあなたの心の声があふれているはずです。

私はどうしたいんだっけ？

と問いかけながら、取捨選択を進めていきましょう。

身を置く環境があなたに与える大きな影響

家具や家電、化粧品、服、靴、食材に至るまで、おうちの中にあるすべてのモノは「今」と「これから」のあなたをつくりあげます。そしてそのモノたちは、自分自身に対してどのようなイメージを抱いているかというセルフイメージにも大きく影響を及ぼします。

もしあなたが、私なんてこんなもん……という諦めや妥協で選んだ服を身にまとっていたら、それは「私は私のことを諦めています」、「妥協で選んだ服がふさわしいです」と常に言い聞かせているようなものです。心の声を聴いて取捨選択ができたら、今度は身を置くにふさわしい環境になるよう、「捨てるのか」、「持ち続けるのか」を決断していきましょう。

自分迷子の沼にはまっている女性には、決断を他者にゆだねてしまうという共通点がありますが、その苦手な決断を下す作業をここではしっかりと進めていきます。まずは、おうちにある目に見えるモノから。次に、思考や感情、価値観などの目に見えないモノを。とにかく決断の先送りをやめて、自らの手で身を置く環境を整えていくことが、欲しい未来を手に入れるために必要なアクションです。

例えば、今や持っていない人を探す方が難しい、安くて手軽に買えるユニクロのTシャツ。安くて丈夫なので、私も重宝しています。このTシャツも

・丈夫だから気兼ねなく着られる！
・サイズも値段も満足！

という気持ちで着ているのか、

・服にお金かけられないし、ユニクロでいいか……
・もっと可愛いTシャツがいいけど、我慢しよう……

という気持ちで着ているのかでは全く違います。

後者は明らかに、選択理由が諦めや妥協ですよね。自分の中で当たり前になっているると違和感すら覚えませんが、そんな選択理由で着続けるTシャツは、セルフイメージを大きく下げてしまいます。

選んだモノに対して、心の声が「本当は嫌だ」と言っているのであれば、捨てる決断をしていきましょう。決断せずにいつまでもあなたの世界に存在させてしまうことが、今までと同じ人生を繰り返す原因になります。

✓私なんてこんなもん……という諦めで選んだモノがあふれる空間
✓これがいい！　好き！　という心の声で選んだモノがあふれる空間

あなたは、どちらの空間に身を置き続けたいですか？　どちらを選ぶかによって、この先、全く違う未来が待っています。

もちろん、すぐに「捨てるのか」、「持ち続けるのか」を決断し、実行するのは難しいかもしれません。しかし、あなたの人生にそぐわないモノの影響を受けて自信を失い、笑顔が減っているのであれば、早めに取り除くことをおすすめします。身を置く環境は自分の意志でコントロールできるからこそ、後回しにしないことが大切です。

もし、決断を先送りする癖があると自覚しているのなら、その癖という目に見えないモノを今ここで手放してしまいましょう。問題の先送りは結局、10年後、20年後のあなたを苦しめます。これ以上苦しい思いをしないためにも、今、どうするのかを決めてしまいましょう。

あなたをふりまわす他人軸で選ばれたモノたち

さて、諦めや妥協で選んだモノが及ぼす悪影響について説明してきましたが、さらに厄介なのが「他人軸」で選ばれたモノを身の回りに置き続けることです。

おうちの中というのは本来、心地よさを追求し、何を置くかをコントロールできる場所です。であるにも関わらず、他人軸で選ばれたモノをいつまでも身の回りに起き続けることは、自分に自信がなく、おうちの中でさえ意思決定を他者にゆだねているということでもあります。他人軸で選ばれたモノは取り除き、自分を見失っている状態を抜け出していきましょう。

自分軸と他人軸という言葉は最近よく聞くようになりましたが、両者には次のような違いがあります。

✓自分軸……自分はどうしたいのか、という基準で意思決定をすること
✓他人軸……自分の意志は後回しで、まわりの意見や評価を優先して意思決定をすること

他人軸で選ばれたモノにも様々な種類がありますが、大きく2つのカテゴリーに分けることができます。

ひとつは、お土産やプレゼントなど、「自分以外の他者が選んだモノ」です。

気に入っているお土産、大切に使っているプレゼントならいいのです。問題なのは、もういらないと思いながら、ちょっと邪魔だなとすら思いながら、持ち続けることです。

確かに、相手の気持ちを考えると、捨ててしまうのは気が引けますよね。しかし、ここはあなたのおうちです。今とこれからの人生に必要ないのであれば、相手が自分のことを想い、時間とお金を使ってプレゼントしてくれたことに感謝し、捨てるのか、持ち続けるのかを決断していきましょう。もちろん、すべてのお土産やプレゼントが対象ではありません。これいらないかも……と目についたモノや、あれのことだ！　とふと思い出したモノが今回手放す対象です。

もうひとつの他人軸で選ばれたモノは「まわりの意見や評価を優先してあなたが選んだモノ」です。

「体型カバーするならこれ！」という雑誌の言葉につられて買った、特に欲しいとも素敵だとも思わないワンピース。「おしゃれ女子が必ず持っているのはこれ！」とインスタグラマーが紹介していたから買った似合わない色のリップ。こういったモノが手放す対象です。30代大人女子なら持っていないと恥ずかしい……と見栄で選んだ使いにくいブランドバッグや、おしゃれ雑貨などもここに含まれます。

これらのモノは、着たい、可愛くなりたい、といった純粋な思いではなく、自分よりも他者の方が正しいからそちらを選ぶという自信のなさからくる意思決定です。

✓買ってもすぐに手に取らなくなる

✓持っていることを忘れる
✓頑張っても使いこなせない

など、わかりやすくサインが出ているので、対象のモノを見つけるのは意外と簡単です。もったいない！　という言葉にふりまわされないよう、手放していきましょう。

自己否定や無価値観を抱えたまま選ばれたモノや、ダメな自分を隠すために買ったモノ、自分ではない理想の誰かになるために身につけているモノがあなたを満足させることはありません。自信のなさをモノでカバーするのではなく、自分軸を大切にした取捨選択と決断を行い、自分を生きることに視点をシフトしていきましょう。そうすることで、見失っていた自分らしさが明確になってくるはずです。

整理整頓をしながら、他人軸で選ばれたモノとともに生きづらくさせていた思考癖も手放していきましょう。

強すぎる「こうあるべき！」「ねば！」は、沼生活を長期化させる

　ここまでくると、取捨選択も決断も、かなり楽にできるような気がしてきますよね。しかし前に進もうとするこのタイミングで、あなたの前に立ちはだかる最後の敵が「こうあるべき！」、「ねば！」という思考癖です。

　この思考癖は、他人軸は手放して、自分軸を大切にしようとするあなたに対して「本当にそれでいいの？」と厳しくプレッシャーをかけてきます。嫌だな、逃げたいな、とプレッシャーを感じる自分の弱さが結局足を止め、自分迷子の沼に居続ける道を選択してしまうのです。

自分を厳しく律する「こうあるべき！」、「ねば！」という思考は、生まれ育った環境によって育まれます。

　自分迷子の沼にはまっている女性の多くは、みんなと足並みを揃えるのが当たり前、自分の意見を言うよりも、いかに空気を読むか、いかに正解や成功とされたレールから外れないかが重視された日本の教育を受けてきました。みんなと同じようにしなきゃ、頑張らなきゃ、ちゃんとしなきゃ、という下地は確かにこのころできあ

がったかも……と思い当たる方は多いのではないでしょうか。

ただ、決してこの環境だけが悪いというわけではありません。時代がそうだったというだけで、環境を恨んでも仕方がないですし、過去を変えることはできません。変えられるのは、過去の出来事をどう捉えるかだけ。今の自分にできることは、生まれ育った環境を経て今の自分が存在していることを受け入れること、そしてこれからはどうするのかを決めて行動し続けることです。

これからのあなたに「こうあるべき！」という思考は必要でしょうか。そもそも、本当に「こうあらねばならない！」のでしょうか。疑問を抱くことなく勝手に思い込んでいただけで、本当は違うのかもしれません。この思考を捨てるのか、持ち続けるのかも、これからは自分で決めることができます。

モノと向き合う過程には、必ず自分自身と向き合う過程が含まれます。その中で気づく、必死に隠そうとしている弱さにこそ、あなたらしさや魅力は隠れています。「こうあるべき！」という思考はさっさと捨ててしまって、自分のすべてを受け入れながら、自分迷子の沼生活から抜け出していきましょう。

勇気をもった決断で、自分だけの成功体験を積み重ねよう

自分はどうしたいのかを考え、取捨選択できた。捨てることができた。自分と向き合うことができた。前に進むことができた。整理整頓を続けていく中で、私たちはいつの間にかこの「できた！」という成功体験を積み重ねていくことができます。自分迷子の沼を抜け出して理想の人生を切り拓いていくためには、この成功体験を積極的に積み重ねていくことが大切です。

私なんて……と思ってしまう原因のひとつに「成功体験の少なさ」があります。

何か行動を起こしても欲しい結果を得られなかった、上手くいかないことが多かった、という過去の経験。失敗したことで、叱られたり否定されたりした苦い思い出。これらの積み重ねが、今の自己肯定感の低さにつながっています。

この自己肯定感の低さは自分の足を引っ張り、いつまでも生きづらさを抱える原

因になります。今さら……と諦めるのではなく、私にもできる！　と勇気を出して行動を起こすことを決めましょう。

凄いことを成し遂げるばかりが成功体験ではありません。ほんの小さなことでも、今までの自分にはできなかったことができたという実感こそ、それだけで素晴らしい成功体験です。

片付けが嫌いです、といつもおっしゃっていたCさんは、「それでも変わりたい、ある夢を叶えたい」と整理整頓サポートに申し込んでくださいました。「できないんです……」と言いながらもコツコツ整理整頓を続けられ、気づけばサポート期間は2年半の長丁場に。「できない、無理」といった言葉はそのうち出なくなり、最終的には「私、できるかも！」、「凄い！　えらい！」という言葉が出るようになりました。サポート最終日にいただいた、

「私には絶対無理だと思っていた片付けが自分の力でできたこと、そして時間はかかりましたがやり遂げたことが、私にはとても大きな成果です。自信にも繋がりました」

という言葉からは、Cさんなりの成功体験を積んだこと、そしてその過程で自信がついたことが伝わってきますよね。

整理整頓には、たくさんの決断が伴います。すぐに決断できないこともあるでしょう。もし、捨てるかどうかを決められないというときは、決断を後回しにするのではなく「1ヵ月後に検討する」というように、いつ決断するのかを決めましょう。今は決めない、というのもひとつの決断です。意思決定を放棄して、今まで通りを選択するのは簡単です。しかし、これからの人生を大切にしていくためにはどんな選択がしっくりくるのかを考え、折り合いをつけることが大切です。

このように、整理整頓は自分迷子の沼から脱出するために必要なたくさんの要素を含んでいます。生きづらさを抜け出すためにも、望んでいた生き方を体現するためにも、整理整頓をしてあなただけの人生を極めていきましょう。

chapter 3

沼から抜け出すための
じぶんデトックス実践法

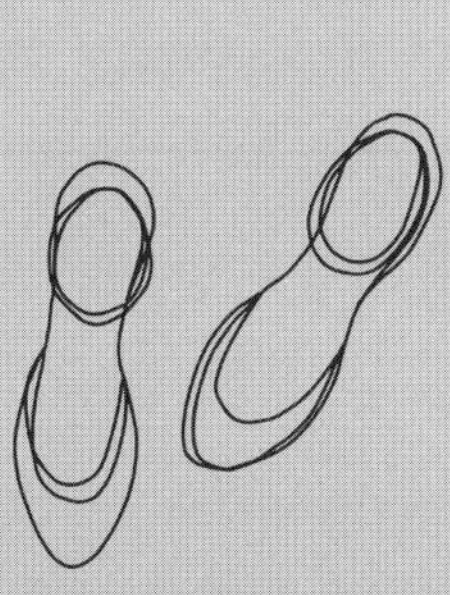

今までは、なぜ自分迷子の沼にはまっているのか、そこから抜け出すためになぜ整理整頓が必要なのかについて説明してきました。いよいよここからは、実践編です。わかった気で終わらせるのではなく、しっかりと心と体を動かせて実際にじぶんデトックスに取り組んでいきましょう。

準備シートをチェックしながら、じぶんデトックスを始めよう

自分迷子の沼にはまっているといっても、おうちと心の荒れ具合は人それぞれです。整理整頓をしよう、と言われたところで必要性を感じない方もいらっしゃいますよね。

そこで今回は、お一人おひとりに必要な整理整頓を進めてもらえるよう、**「じぶんデトックス実践前の準備シート」**を用意しました。

↓シートC

シートにチェックをしてご自身のタイプを把握していただき、タイプ別強化ポイ

ントを参考にしながら作業を進めていくことで、より効果を感じていただけるはずです。

デトックス前に確認したい整理整頓3つのステップ

実際の整理整頓は、おうちカフェ時間で使用したノートをもとに、次のステップで進めていきましょう。

①「こうなったらいいな、を叶えている私」をイメージする
②モノをひとつずつ手に取り、イメージした私に必要かそうでないかを「今の私」で判断する
③捨てるのか、持ち続けるのかを決断する

10分だけ作業をする、と時間を区切るのもいいですし、休みの日に気が済むまでやってみるのも気持ちいいですね。理想を先取りしていくイメージで、手と心を動

じぶんデトックス実践前の準備シートC

整理整頓診断

- □ 脱いだ服はソファーが定位置
- □ ダンボールは処分せず収納グッズに
- □ 探し物に時間がかかる
- □ 飲み残しのペットボトルが転がっている
- □ クローゼットを開けたら雪崩が起きる
- □ 片付けるのは人が来るときだけ
- □ 帰宅したとき、散らかった部屋をみるとうんざりする
- □ 収納スペースがいつも足りない
- □ どこに何があるのかわからない
- □ ものが捨てられない、苦手
- □ ストックを大量に持っていないと不安
- □ とりあえず…と置いたものはずっとそのまま
- □ 家の中でリモコンや携帯を見失う
- □ 季節家電は出しっぱなし
- □ 思い出のモノは捨てられない

合計　　　　個

自分迷子の沼診断

- □ ひとりになる時間に耐えられない
- □ 挑戦やチャレンジが苦手
- □ 気を使いすぎて1日を終えるとぐったり
- □ 思ったことや本音を伝えるのが怖い
- □ 失敗が怖くてなかなか一歩を踏み出せない
- □ 自分はまわりに大切にされていない
- □ ダメな男性によく出会う
- □ 自分にはあまり価値がないと思う
- □ やりたいことがあってもまわりの目が気になって行動できない
- □ 自分で決めたことよりもまわりに決めてもらった方が安心
- □ 褒められても素直に受け取ることができない
- □ 「どうせ無理」が口癖
- □ 本当の自分を出すと嫌われる
- □ 我慢することが多い
- □ 罪悪感が強い

合計　　　　個

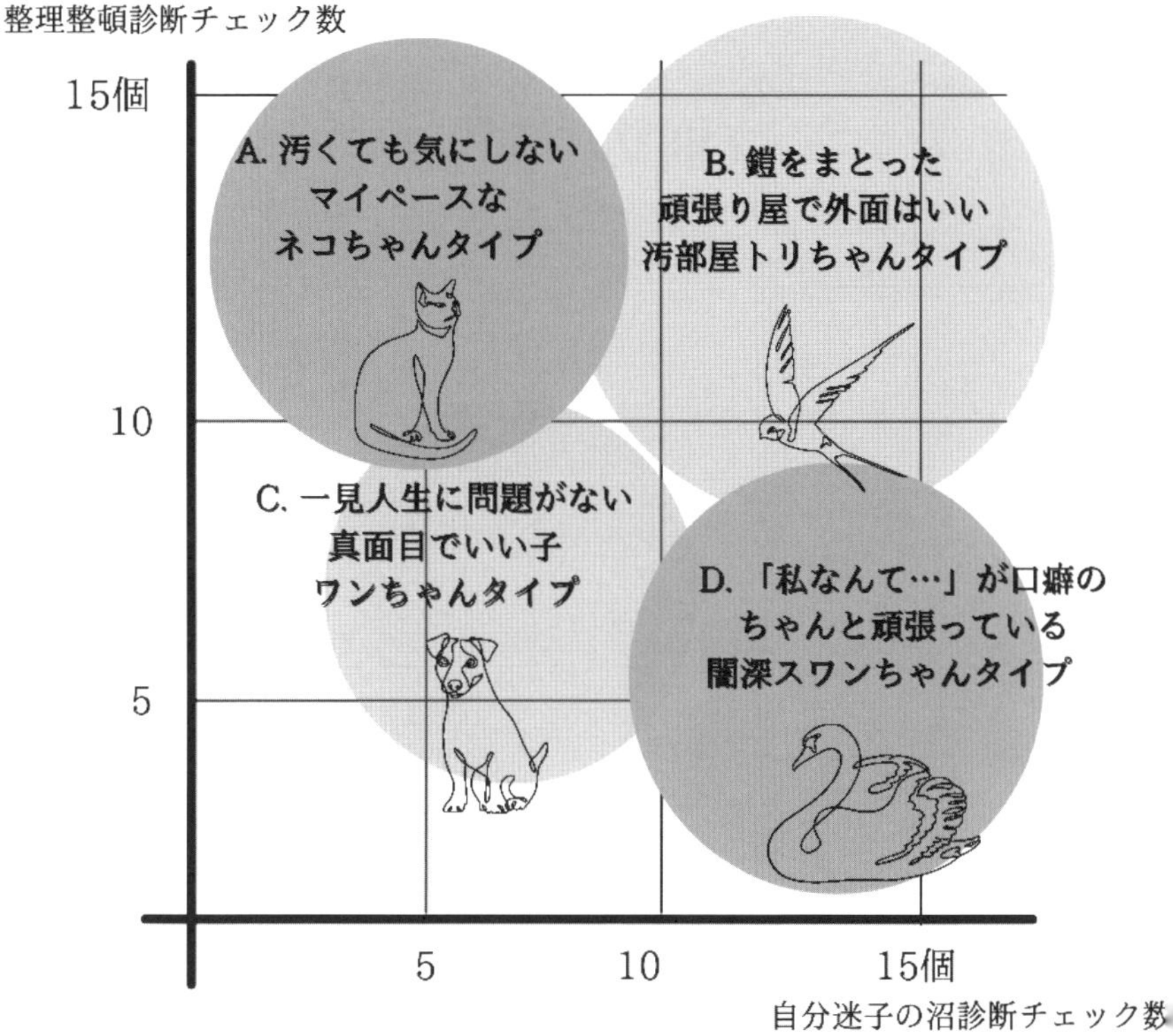

A. ネコちゃんタイプは…

目に見えるモノの整理整頓が苦手。
慣れ親しんだ散らかった部屋ですが、
不要なモノをしっかりと取り除き
居心地の良い環境に変えていきましょう。

強化ポイント▶1,2,3,4

B. トリちゃんタイプは…

心もおうちも散らかっていて、
ああつらい…とじぶん責めしがち。
じっくりと整理整頓に取り組んで
自分自身を見つめ直しましょう。

強化ポイント▶ 1から順番に
無理せずじっくりと！

C. ワンちゃんタイプは…

そこまで散らかっているわけでもなく
自信がないわけでもない…。
だけど何かが引っかかるワンちゃんは、
何が違和感なのかを探りましょう。

強化ポイント▶9の書き出しを本音で！

D. スワンちゃんタイプは…

元々おうちの片付けが得意なあなたは、
とにかく心の整理整頓を集中的に！
しっかりと自分と向き合いながら、
書き出しワークを丁寧に行いましょう。

強化ポイント▶5,6,7,8,9

かせていきましょう。

ここで2つ、注意していただきたいことがあります。

ひとつ目は、**「人のモノは捨てないこと」**。あなたから見て必要なさそうなモノだったとしても、持ち主にとっては大切なモノです。あなたも大切にしているモノを勝手に捨てられたら、嫌な気持ちになりますよね。されて嫌なことはしないこと。あくまで、向き合うのはご自身の人生と、その人生に関わってきたモノたちです。自分のモノだけ、要不要の判断を下すようにしましょう。

そしてふたつ目は、**「収納グッズをすぐに買わないこと」**。モノが減ってくると、収納グッズを買いたくなりますが、ここはグッと我慢です。なぜなら、今後もモノは減り続け、収納グッズが必要なくなる可能性の方が高いからです。これはお客様にも約束していただくのですが、整理整頓終了後、足りないと思っていた収納グッズが最終的に10個以上余ってしまった……というケースはよくあります。無駄なモノを増やさないためにも、これ以上捨てるモノはない！という状態になるまで購入は我慢です。

本気でモノと自分に向き合って、捨てるのか、持ち続けるのかを決断した経験は、今後の人生を乗り越えていく大きな糧となります。後悔、反省、悔しさ、恥ずかしさ、感謝、笑い、様々な感情を味わいながら、自分にウソをつくことなく整理整頓を進めていきましょう！

・整理整頓強化ポイント

1．クローゼット&靴箱のデトックスでセルフイメージを変えていく

長時間身に着ける服は、あなたのセルフイメージに大きな影響を与えます。こうなったらいいな、という理想を叶えている私なら着ない服、履かない靴はキッパリと手放していきましょう。

クローゼットに入れるのは身に着けるにふさわしいモノだけ

服やバッグ、小物は全体を俯瞰《ふかん》して眺めた上で判断するのではなく、ひとつずつ手に取って要不要を判断していきましょう。ざっと全体を眺めるだけでは、どれが必要なのか、そうでないのかがわかりません。眺めているうちに嫌になり、せっかくのやる気が削がれてしまいます。まとめて終わらせるのではなく、じっくりと向き合うことが大切です。

まずはひとつずつ手に取って、**「理想の私はこの服やバッグを身に着けているかな？」**とご自身に問いかけてみてください。

✓シミや毛玉が気になる服、穴が空いている服
✓コンプレックスを隠すためだけに選んだ服
✓気分が上がらない、持っていたことすら忘れていた服
✓持ち手がボロボロになったバッグ
✓壊れたアクセサリー

判断に迷ったときは、実際に着てみましょう。頭で考えるのと、実際に身につけるのとでは全く異なります。特に1回も着ていない服や何年も着ていない服は、記憶が美化されたまま止まっている可能性があります。サイズやシルエットなど、実際に着た上で厳しめに判断するのがポイントです。

実際に着てみても、どうしても判断できないという服もあるかもしれません。その場合、無理に手放す必要は全くありません。今はまだ持っておく、と決めてしまいましょう。

私もすぐに手放せなかった服はたくさんあります。今でも覚えているのは、眺めているだけで満足だったピンクツイードの膝丈スカートです。残念ながら、もう着ないのです。それでもデザインが好きだったので、眺める用としてしばらくの間、持ち続けていました。持ち続ける、と決めてしまえばいつか心の整理がつきます。結局、1年後にスッキリと手放しました。

今すぐに判断できなくても大丈夫です。気持ちよく手放せるときが来たら、送り出してあげましょう。

クローゼットと靴箱につながりをもたせる

服やバッグを整理整頓したら、靴箱も同じようにチェックしていきます。

✓ヒールやつま先がすり減っている靴
✓サイズが合っていない靴
✓2年以上履いていない靴

理想の私なら履かないだろうな、という靴はキッパリお別れしていきましょう。残すのは素敵な私が履いている靴、そして手元に残す服とコーディネートできる靴です。服とのバランスを考えながら整理しておくと、後のコーディネートが楽になるのでおすすめです。

服と靴、両方に共通するのですが、もし1〜3軍に分けて着ているのであれば、2軍・3軍の服は特に厳しく要不要を判断しましょう。いつも2軍・3軍の服ばかり手に取っていませんか？　家でダラダラするだけなら、3軍の服で十分、と思うかもしれません。しかし、ダラダラする時間もあなたの人生の貴重なひとときで、どうでもいい時間ではないはずです。本気でダラダラするためにリラックスできる服を選ぶことの方が気持ち良いですよね。

もったいないから、と1軍を選ぼうとしない姿勢は、生き方そのものに反映されます。「これでいいや」という選択肢は積極的に減らし「これがいい！」という選択を増やしていきましょう。

クローゼットや靴箱のスペースが空けば、理想を叶えている私が着ている服や靴を新しく収納することができます。新しくキラキラした服は着心地が悪く、最初は違和感があるかもしれません。しかしそれは、ただ慣れていないだけなので大丈夫です。沼から抜け出すためのちょっとした負荷と割り切って、新しいあなたを受け入れていきましょう。

また、服や靴などの毎日身に着けるモノは、数を減らすことで選択にかかる時間を減らし、ストレス軽減にもつながります。50着ある服の中から1着の服を選ぶのと、10着ある服の中から1着の服を選ぶのとでは、かかる時間も労力も違いますよね。

服が好きだからたくさん持っていたい！　という場合を除き、減らした方が管理も楽になります。脳にストレスを与えないためにも、朝から服選びでイライラして眉間にシワをつくらないためにも、不要な服は手放してしまいましょう。

2. 美容と健康はキッチンから整える

キッチンが整えば、美容も健康もおのずと手に入ります。美しく丈夫な体と健やかなメンタルを保つために、捨てなきゃ！　ではなく、もっと綺麗になるんだ！と思考を切り替え、食材を通してエネルギーを取り入れるイメージで整理整頓を進めていきましょう。

冷蔵庫の中にあるモノ＝あなたの体をつくるモノ

どれだけ美容と健康に意識を向けているかがわかってしまう、冷蔵庫の中身。まずは、体の中に入れたくないと思うような食べ物を取り除いていきましょう。

✓シワシワで元気のない野菜
✓冷凍庫で霜だらけになり原型を留めていない食材
✓賞味期限をかなり過ぎた調味料
✓作成日がわからない作り置き

冷蔵庫の中は、一度しっかり整理をすれば、その後は月に数回の整理で綺麗な状態をキープできます。そのスッキリ整った状態をイメージしながら、整理を進めていきましょう。

買ったけど開封していない調味料や、存在を忘れていた食材は、買ったときの気持ちを思い出す絶好のチャンスです。あなたはあのとき、どんな気持ちで何を思い、購入しましたか？　これが欲しい、という純粋な気持ちでしょうか。それとも、あれば便利かもしれないから買おう、安いから買おう、という気持ちでしょうか。後者の理由で購入したモノが多いと、もったいない……という罪悪感でいっぱいになり、整理すること自体が嫌になるかもしれません。**しかしこの気持ちを味わうことが、改めて自分自身と向き合うかけがえのない時間になります。**食材を通して過去の選択と向き合いながら、食生活全体を改めて見直してみましょう。

食器棚やキャビネットの中はこれからも使いたいモノだけ残す

食器やキッチングッズも、持ち過ぎているのであれば減らしましょう。

✓欠けたりヒビが入ったりしている食器類
✓使いたいと思えない食器類
✓持っていたことを忘れていたキッチングッズ

使わないモノは潔く処分です。特にキッチングッズは、「素敵な女性は料理ができる」、「女子力が高い人はお菓子作りが得意」といった幻想を投影しやすいため、捨てることにためらう方は少なくありません。

私もかつて、女性なら料理ができなければならない、というこうあるべき思考を握りしめていたため、捨てられないキッチングッズがたくさんありました。目にするたびに「使わなきゃ……」と思うものの、実際に使うことはなく、いつしか存在自体がストレスに。結局、イメージした理想の生き方をしている私は、大して料理をしていなかったので、思い切って処分しました。ちょっとだけ喪失感はありましたが、やりたくないことはやらなくていい、と自分に許可できた満足感の方が大きかったため、後悔はしていません。

手放すかどうかの判断に迷ったときは、一度使ってみましょう。調理をしたり、食卓に並べて食事を盛り付けたりした上で、やっぱりこれからも使いたいと思うなら、大切に持ち続けるのがおすすめです。

腑に落ちないモヤモヤが残るときは、何にモヤモヤするのかを言語化してみます。「サイズが大きいし、重いし、ストレス」、「お世話になった方にもらったけど、センスが合わない」など、はっきりと言葉にしてみると何が嫌だったのかがわかります。納得した上で、潔く決断をしていきましょう。

3. 人生に必要のない紙類とはお別れする

いつの間にか溜まっていくチラシや手紙、書類といった紙類。そして積み重なると膨大な量になる雑誌や書籍。今の時代、ものすごいスピードで情報は新しくなっています。これからの人生には必要ない、古い情報は早めに処分していきましょう。

未来の負担を大幅に減らす書類整理

1枚だとあんなに薄いのに、積み重ねていくと膨大な量になってしまう書類たち。まずは、「すぐに処分できる書類」と「要不要の判断に時間がかかる書類」に分けていきましょう。分け終えたら、「すぐに処分できる書類」はさっさと処分します。これだけで、かなりスッキリするはずです。

問題は、「残った要不要の判断に時間がかかる書類」です。ここで投げ出したいところですが、止めてしまうと数年後の自分をさらに追い込むことになります。溜め込んでしまった自分を責めるのではなく、これからはどうしたらいいのかを考えながら、本腰を入れて処分していきましょう。

✓これからの人生に必要のない契約
✓申し込んでいたことすら忘れていた支払い
✓提出が必要だった重要書類

これらは必要な手順を踏んで、対処していきます。なんとなく申し込んだものほど、対処を後回しにしてしまうもの。「解約する」、「やめる」、「破棄する」など、そのままにしておくのではなく、処分したというゴールまであなた自身を辿り着かせてあげることが大切です。

判断に迷う書類は、どんな感情で申し込んだのかを思い出してみましょう。これさえあればなんとかなる、不安だからとにかく契約しなければ、といったように、不安を抱えて申し込んだものはネガティブな結果を引き寄せます。理想の生き方を叶えているあなたの未来に、その書類の会社や相手とのご縁は必要ですか？　問いかけながら、判断をしてみましょう。

書類整理は時間がかかる上、すぐに成果が見えるものではありません。モチベーションを保つのが難しく感じるかもしれませんが、手間暇がかかるからこそ、達成感や喜びは大きくなります。どんどん低くなる書類の山を眺め達成感を味わいながら、コツコツと整理整頓を進めていきましょう。

欠乏を埋めるための本はさようなら

いつか時間ができたら読もう、と部屋の隅に積まれている本。本棚にずらりと並んでいる本。理想の生き方を叶えているあなたは、この本を読んでいますか？ 1冊ずつ手に取って、判断していきます。手に取っても読んでいる姿をイメージできなければ、きっぱり処分してしまいましょう。

買ったことを忘れていた本、読みたいと思いつつ手に取ることのない本は、この先も読まれることはありません。埃《ほこり》がうっすら溜まっているなら、なおさらです。

判断に迷ったときは、買った理由を思い出してみましょう。

✓読みたくて買った
✓ダメな自分を埋めるために買った
✓本棚に並んでいたら賢そうに見えそうだから買った

買った理由に向き合えば、本当に必要かどうかはもちろん、今後読むかどうかもわかるはずです。

昔の私はコンプレックスまみれだったので、本を選ぶ理由も足りない自分を埋めるためでした。無意識で賢そうに見える本ばかりを選び、もちろん興味はないので読むことはなく、ずっと本棚に並べているだけ。整理整頓をしながらその事実に気づいたときは、衝撃で笑ってしまいました。そんな自分に向き合うのは本当に、恥ずかしいやら情けないやら。でも、本に向き合う頃にはもう「私はダメじゃない」、「足りない部分を埋めようとしなくてもいい」と思えるようになっていたので、想像以上に早く乗り越えることができました。思い切って処分したときの肩の荷が降りた感覚は、今でもはっきりと覚えています。

残った本には、あなたの自分軸がぎゅっと詰まっています。何に興味があり、何を大切にしているのか。どんな自分で在りたいのか。わからないと思っていた自分を知る要素が言語化されているので、得意や好き！　を見つけるのにも役立ちますよ。

4. お金の動きもシンプルに整える

節約や投資など手元にあるお金を増やす方法はたくさんありますが、生きづらさから抜け出したいのなら、お金を「どう増やすか」の前に「どう流すか」を整えていく方が大切です。

どれだけお金を増やそうと努力しても、流れが悪いと上手くいきません。結果、お金を扱うことに苦手意識をもってしまい、自信をなくしてしまいます。自分を幸せにするための行動が自己否定に繋がってしまっては、本末転倒です。マインドだけでなく物理的にも整理整頓を進めていきましょう。

お金の入り口を整える

本業の収入以外にも、副業や投資など、手元にお金がやってくるルートはたくさんあります。それはたくさんある分にはいいのですが、どれが何なのか把握できないほど入り口を持ってしまうと、管理できなくなってしまいます。

お金の入り口となる口座は「給与口座」、「貯金用口座」、「緊急出費用口座」の3つあれば十分といわれていますが、それ以上ある場合は整理していきましょう。

・使用する金融機関を絞る
・開設しただけで使用していない口座は解約する

など、数を減らしていきます。

数年間使っていない口座は休眠口座になり、改めて引き出す際は金融機関での手続きが必要になります。便利にしたつもりが、余計な手間をつくり出す可能性もあるので、早めに対処することをおすすめします。

複数口座を持つことは確かに便利ですし、いざというときのリスクヘッジにもなるでしょう。しっかり管理ができて、それぞれの口座にお金が増えていく過程を楽しみ、そこに喜びを見出せているのなら良いのです。そうではなく、「〇〇という証券会社の口座をつくっておいた方が良いと聞いたから」、「いつか使うかもしれないから」と他者の意見を優先したり、面倒な解約手続きなどを先送りにしたりした結果の複数口座なら、これを機に整理していきましょう。

お金の出口を整える

決済方法が多様化し、お金が出るルートはかなり増えました。現金、クレジットだけでなく、電子マネーやコード決済、〇〇ポイントなど、どれを選べば良いのかわからない……という方も多いのではないでしょうか。便利そう、あったら楽、と出口を増やしすぎてしまうと、何をどれだけ所有しているのか把握できなくなってしまいます。便利にするために増やしたのに、コントロールできず自分の首を絞めてしまったとなっては元も子もありません。多すぎる出口の数は減らしていきましょう。

✓使っていないクレジットカードの解約

✓使用する電子マネーは2つ以内に絞る
✓使わないポイントカードは処分する

貯まると嬉しいポイントですが、ポイント目当てに買い物をするのは考えものです。ブレない判断軸で取捨選択するためにも、持たない選択も検討してみましょう。

理想の人生を歩んでいる私は、どんなお金の使い方をしているだろう？

こう問いかけながら、出てきた答えを実行していきましょう。これは例えば、理想の私はスーパーで半額の食材なんて買わない！　ということではありません。妥協で半額の食材を買うのと、必要な食材が半額だったから買うのとでは性質が全く異なります。あくまで、納得できる理由でお金を送り出すための問いだということを理解してくださいね。

そしてそもそも、整理整頓を通して今まで向き合ってきたのは、お金が姿かたちを変えたモノ、お金が手元から出ていった代わりにあなたの元にやってきたモノです。

あなたが、お金を使った理由は何でしょうか？　食材や日用品の購入、外食、レジャー、おしゃれ、学び、**すべての出費には理由があるはずです。**しかしその理由にまで目を向けることはほとんどなく、無意識のうちに取捨選択してきたのではないでしょうか。

整理整頓をしながらモノと向き合ってきた中でもし、ストレスによる衝動買いや妥協、諦めでお金を送り出す傾向があると気づけたなら、今日からその使い方を変えていきましょう。

5．パートナーシップをデトックスすると人生の変化が訪れる

整理整頓を通じて自分自身との関係性を見直したら、次は人生で関わる人々との関係性を見直していきましょう。

人間関係において一番幸せを左右するのは「自分と自分の関係」、次に左右するのは「パートナシップ」といわれています。今現在、あなたが理想とするパートナーシップは築けていますか？　パートナーシップの良し悪しは、あなたが想像している以

上に人生に大きな影響を与えます。もし理想の関係を築けていないのであれば、今ここで見直し、今後どうしていくのかを決断する必要があります。

一緒に過ごす未来を想像してみる

ちょっと目を瞑《つむ》って、イメージしてみてください。ノートに書き出した理想を叶えた、5年後のあなた。その隣に、今のパートナーはいますか？　もし、全くイメージが湧かない、いない気がする、というのであれば、関係性を見直すタイミングです。

パートナーシップとは、お互いが協力し、様々な経験を通して一人ではなし得なかったことをつくりあげていく関係性のこと。「協力関係」を結んでいることが前提です。

・相手を信頼していない
・相手の反応を気にし過ぎてしまう
・素直な気持ちを伝えていない、伝えようとしていない

・言いたいことをおさえ込み、我慢している
・会話量が少ない

どれだけ長い時間を共に過ごしていたとしても、このような状態で相手と関わっていては今後も心地よい関係を築くことはできません。

誰とどんな時間を過ごすのかによって、人生の満足度は変わります。そもそも、「パートナーシップをデトックス」という言葉に**ザワザワとした何かを感じたのなら、それはあなたの心のサインです。**

お別れする？　それとも関係を続ける？

いい未来がイメージできなかったのであれば、お別れするのか、それとも改善しながら関係を見直していくのかを決めていきます。もちろん、すぐに決断できなくても大丈夫です。共に過ごし様々な感情を共有したパートナーだからこそ、情が湧くし、離れ難いもの。すぐに決断できたら苦労はしないですよね。まずは、自分は

どうしたいのかを明確にしていきましょう。

理想の関係性が100点だったとしたら、今の関係性は何点でしょうか。

もし50点だった場合、限りなく100点に近付けるために今日からできることを3つ挙げるとしたら、何ができるでしょうか。

できることをひとつずつやってみて、その上で決断していきましょう。考えるのも嫌というのなら、残念ながらそれが答えです。

このとき、注意したいことが2つあります。ひとつは、**自分の気持ちは後回しにして、相手の気持ちを尊重しすぎること**です。「相手が別れたくないと言っているから」、「今の関係がいい、と言っているから」では、今までと同じことの繰り返しです。現状を変えたいのなら、勇気を出して自分の気持ちを尊重すると決めましょう。その上で、決めたことを実現するための行動を起こすことが大切です。

そしてもうひとつは、**友人や同僚にアドバイスを求め過ぎない**ということです。パートナーシップは、あなた自身の問題です。当事者でなければわからないことの方がほとんどです。そしてアドバイスを活かすかどうかはあなた次第で、起こったことに責任を取るのもあなたです。アドバイスを聞きすぎて、決断を他人にゆだねるという悪い癖に負けないように、意思決定をしていきましょう。

どうしても別れるという決断ができない、という場合は、別れないメリットを選んでいるかもしれない、と考えてみましょう。

別れなければ、ひとりになる不安や寂しさ、孤独を味わうことはありません。スペックが高い相手なら、そんな人と付き合えているという虚栄心を満たし続けることができるでしょう。それでもいい、と思えるのなら満足するまで関係を続けることをおすすめします。ただ、劣等感やコンプレックス、寂しさを誰かに埋めてもらうのではなく、等身大の自分を大切にして生きる強さを身につけた方が、これからの人生は遥かに生きやすくなります。

自分の意志で一緒にいることを選択するのなら、**今まで以上に共に過ごす時間を大切にしていきましょう。**

もし、過去のパートナーシップに縛られているのなら、事実と感情を切り離し、改めて現実を客観視してみましょう。相手はもういない、私はひとりで過ごしている、寂しさを埋めるためにやけ食いしている、そんな自分を見たときにどう思うかです。それでも寂しいなら、どっぷりと寂しさに浸りましょう。浸り切ってしまえばいつか飽きるときがやってきます。そのときが来たら、自分の中で準備も整っているので、きっと前に進めます。

心の整理がついたら、楽しい日々を共に過ごせたこと、その中で様々な感情を味わえたことに感謝して、今を生きるためにも思い出もモノも処分していきましょう。新しい出会いを迎え入れるために、物理的、心理的にスペースを開けておけば、そこにピッタリと収まる何かがやってくるはずです。

6. 今の自分にあった家族との関係性の見直しを

パートナーシップの次に幸せを左右するのは、「家族との関係」です。あなたの人格形成には、家族が大きく関わっています。自分迷子の沼から抜け出すためには、生い立ちを振り返り、今一度、家族関係に向き合っていきましょう。

対等な立場にまずはリセット

家族との関係が対等でなければ、良好な関係を築くことはできません。あなたがもし、30代を超えてもなお家族の支配や過干渉を受け入れているのであれば、その関係性をリセットしていきましょう。

✓ああしなさい、こうしなさい、という親の命令を拒否できない
✓親が望む「理想の私像」を演じてしまう
✓兄弟姉妹の言うことに逆らえない
✓家族の意志最優先で意思決定をしてしまう

など、子どもだから仕方ない、家族の言うことだから仕方ない、と無意識のうちに我慢し、受け入れていませんか？　もし、その関係性があなたを苦しめているのなら、意識的に変えていく必要があります。

家族との関係は、どんな関係が理想ですか？理想を実現するために、「今」何ができますか？

まずは話し合いの場を設け、対等な関係をお互い受け入れ合うことができるよう働きかけてみましょう。家族関係に関しては、行動を起こしたからといってすぐに解決するものではありません。何十年と積み重ねてきた関係を一度リセットして再構築するには、想像以上に時間と労力がかかります。今更……と思うかもしれませんし、うまくいく気がしない……と諦めたくなるかもしれません。しかし整理整頓熱が高まっている今だからこそ、家族に向き合うには最良のタイミングです。

もし、話し合いがつらいと感じるようであれば、心の平和を保てるように積極的に距離を置いたり、一旦中断したりしましょう。理想的ではない関係を手放すためには、今できることを少しずつやってみることが大切です。

「あった」愛情に気づき受け入れる

ネガティブな印象が強い「リセット」ですが、整理整頓におけるリセットは、今まで手にしてきたものや今あるものに気づけるポジティブな行動です。
それは、家族との関係性を見直すことで、当たり前すぎて見失っていた愛情があったことに気づけること、その結果、自分の存在意義を認められるようになることが理由です。

家族との関係性を見直しながらおうちの整理整頓をしていると、家族にまつわるモノをたくさん目にします。それは旅行先で一緒に撮った写真かもしれませんし、体調を気遣うメールかもしれません。昔買ってもらった、ボールペンかもしれませんね。心が鈍いときは何も感じなかったモノも、「ある」を見ることができるようになった今なら、気づけることがあるはずです。

家族との関係が良好でないと、ちょっとした言葉にイライラしたり、コントロールされているような不快な気持ちになったりします。しかし、リセットをして対等な立場で見たときにそこにあるのは「一緒に旅行をして、写真を撮った」、「体調を気遣いメールをくれた」、「ボールペンを買ってくれた」という事実だけ。この事実にどう意味付けするのかによって、家族との関係は変えていくことができます。

人それぞれ、愛情表現は異なるもの。もしかすると、自分は愛情だとは想っていない愛情を注がれ続けてきたかもしれません。そもそも愛情だと思っていなければ、受け取ることができないですよね。私は愛されている大切な存在だ、と心の奥で認められていないのは、この受け取る部分がエラーを起こしていた可能性があります。どんな意味付けをしていたのか、どう認識していたのか、改めて振り返ってみましょう。振り返る中で、スルーしていた愛情を受け取ることができたら、生まれてきてよかった、私はかけがえのない存在だ、と受け入れられるはずです。

もちろん、無理してすぐに受け入れる必要はありません。受け入れない、と決める選択もあります。しかし、自分の存在意義が認められるようになれば、今までとは違う関係性を築けるのは確かです。納得のいく認識を、自分の意志で取り入れていきましょう。

7. 人生の主役は自分？　それとも仕事？

収入を得て生きていくために、仕事はやらなければならないものかもしれません。しかし、家やプライベートにまで仕事を持ち込み、常に仕事に振り回され、心を疲弊させているのなら、仕事との関係性を見直す必要があります。

仕事に主役を奪われていませんか？　人生の主役は、間違いなくあなたです。オンオフの切り替えや抱える仕事量など、主体的にコントロールしていかなければ、いつまで経っても望む人生を生きることはできません。

おうちに持ち込む仕事をコントロールする

家に仕事を持ち込んでいると、必然的に書類や書籍、コードや充電器といった仕事で使うモノが家の中に増えていきます。資格を取得してスキルアップしたい、今年中に昇給したい、といった明確な目標があって、家でも仕事をしているのならいいのです。問題なのは、自分がやればいいからと、我慢したり諦めたりした結果、持ち込まれた仕事です。

仕事を整理整頓するためには、**仕事の総量を把握する必要があります。**今現在、

✓どれだけの仕事を抱えているのか
✓そのうち何割を家に持ち込んでいるか

まずは書き出してみましょう。書き出すことができたら、そもそもやるべき仕事なのか、どうやったら就業時間内に終えることができるのかを考えます。

例えば、会社の伝統として続けられているものの、誰もやる意味をわかっていない書類作成。本当に必要かどうか、思い切って上司や同僚に確認すれば、存続が見直されるかもしれません。私がやった方が早いから、と抱え込んでいた仕事。時間がかかっても後輩に任せた方が、成長を後押しするのはもちろん、本当にやるべき仕事に集中できるかもしれません。思い浮かんだ対処法を順番に試しながら、不要な仕事を手放していきましょう。

情報漏洩を防ぐ整理整頓

おうちに仕事を持ち込んでいる場合、注意したいのが情報漏洩です。持ち出しが禁止されているデータの入った鞄を紛失して大騒ぎ……というニュースも、今や珍しくありません。持ち出しが禁止されていない情報だったとしても、仕事で取り扱っている個人や企業の情報は紛失してしまわないように、きっちり整理整頓しておきましょう。

古い書類はそのまま破棄するのではなく、シュレッダーにかけて処分します。自宅にシュレッダーがない場合は、復元不可能になるくらい切り刻むか、会社のシュレッダーで処分するのがおすすめです。

大量に書類を持ち帰っている方の場合、書類の多さだけで気持ちに余裕がなくなり、追い詰められている可能性があります。**古い情報や今後必要でない情報を処分するだけで、やるべきタスクが明確になる**ので、一度落ち着いて目の前の書類に向き合う時間を設け、整理していきましょう。

仕事を整理すれば時間が生まれる

やりたいことをやる時間がないほど忙しいのであれば、自分のために時間をつくると決めて仕事を整理していきましょう。時間がなくて無理だと思っていたことも、決めてしまえば実現できるようになります。

ずっと仕事第一で頑張ってきた方ほど、すぐに仕事を整理するというのは難しいかもしれません。特に、頑張っていた理由が承認欲求を満たすためだったり、うまくいかないプライベートから目を逸らすためだったりすると、なおさら手放したくないものです。この場合、仕事よりも先に人生の優先順位を整理してみましょう。

人生で大切にしたいことは？

この問いに対する答えを10個書き出してみましょう。10個出てこなければ、出てきた数だけで大丈夫です。例えば、「自由」、「遊び」、「学び」が出てきた場合、「自由と遊び、より大切にしたいのはどっち？」とさらに問いかけ、自分にとって優先順位の高い方を決めていきます。すべて比べてみれば、人生の優先順位が明確になります。

学びの優先順位が最も高いのであれば、学びの時間を大切にすれば人生の満足度は上がります。仕事に依存して満たしてもらおうとするのではなく、自分が本当に満たされることを知り、満たす行動をしていきましょう。そうすることで、より良い人生を送ることができるでしょう。

いつまでも、仕事ばかりに時間を奪われている場合ではありません。大切にしたいことを大切にするためにも、程よい距離感、程よい関係性を築けるよう仕事を整理していきましょう。何度も言いますが、あなたが主役の人生です。

8. デジタルデトックスで自分らしさを取り戻そう

最後は、デジタル機器の整理整頓です。デジタル機器内部に溜め込んだデータと、デジタル機器そのものを、順番に整理整頓していきましょう。

溜め込んだデータの整理整頓

写真や不要なアプリなど、今後の人生に必要ないと思うデータはどんどん削除していきましょう。写真やスクリーンショットなど、データは手軽に残すことができるため、いつの間にか溜まってしまいます。過ぎ去った時間に思いを馳せながら、キッパリと消していきましょう。データ類は、家にこもらなくても通勤時間や移動時間にささっと整理整頓することができます。電車に乗っている10分だけ作業しよう、と決めるだけではかどるのでおすすめですよ。

削除するデータには、かつての知り合いの連絡先や、一緒にいるとなぜかストレスを感じる友人とのメッセージのやり取りも含まれます。特に、つらいと感じる生き方はもうやめよう、と頑張っているあなたの足を引っ張る人とのつながりは、自分の意志でキッパリと断つことが大切です。

「この人は今後の人生に必要ない」と判断を下すのは冷たいように感じるかもしれませんが、本当に大切な相手ならつながり続けるかどうかなんて迷いません。うっかり消してしまったとしても、あなたの人生に必要なご縁のある相手ならどこからでもまたつながることができます。

ストレスを抱え我慢したまま関係を続けるのではなく、大切な気づきを与えてくれた存在だったこと、そしてかつてのご縁に感謝をしてお別れをしましょう。

ちなみに、一緒にいるとなぜかストレスを感じる相手からは、ちょっとした学びを得ることができます。**ストレスは、あなたの価値観を明確にする大切なサインです。**

その相手の

✓何にストレスを感じるのか
✓なぜストレスを感じるのか

について、おうちカフェ時間で改めて心の声に耳を傾けてみましょう。

例えば、ストレスを感じる理由が「高圧的な態度にイライラする」という場合、人に接するときは高圧的ではなくフラットな態度で接したい、接する自分で在りたい、という価値観を持っていることに気づくことができます。**一度価値観を明確にしておけば、今後同じような人間関係に悩むことも減っていきます。**すべては学び、と受け入れながら整理整頓を進めていきましょう。

デジタル機器そのもののデトックス

データや人間関係の整理整頓ができたら、次はデジタルデトックスです。

デジタルデトックスとは、携帯電話やパソコンといったデジタル機器の使用を一定期間控えることをいいます。あなたは1日にどのくらいの時間、インターネットやテレビの情報に触れていますか？　今や1日に触れる情報量は平安時代の一生分、江戸時代の1年分（引用文献1）とも言われ、膨大な量の情報に私たちは触れています。有益な情報なら良いのですが、中には私たちの心を揺さぶってくる情報も多々あります。自分を見失ってしまわないためにも、不要な情報とは積極的に距離を置くようにしましょう。

（引用文献1）

https://www.seagate.com/files/www-content/our-story/trends/files/idc-seagate-dataage-whitepaper.pdf

「常に携帯を覗いていないと不安」、「いいねの数やリアクションでその日1日の気分が決まる」これは危険信号です。つい人と比べてしまい自信を失う傾向がある、と自覚しているのであれば、しんどいと感じた時点でデジタル機器から離れましょう。これ以上情報を取り入れない、心を守るためにも見ない、と決めることが大切です。

携帯電話やパソコンの中以外にも、あなたの世界は広がっているはずです。今日という大切な1日をどんな感情で過ごすのか、自分ではなく他人の評価で決めていいのでしょうか。

デジタルデトックスをすれば、たっぷりと時間が生まれます。**人の人生を生きるのではなく、自分の人生を生きるための時間を積極的につくるようにしましょう。**

9．つまずいたときに立ち返るおうちカフェ時間

整理整頓を進めていると必ず「要不要の判断ができない……」という壁にぶつかります。そのときは頭の中でぐるぐると考え込むのではなく、おうちカフェ時間に立ち戻りましょう。

モノとの距離が近くなりすぎたり、集中しすぎて考え込んでしまったりすると、どうしても視野が狭くなり、冷静な判断ができなくなります。そんなときはちょっと一息ついて初心にかえることで、自分はどんな人生を送りたいのかを見直すことができます。

「モノ対私」ではどうしても、購入したときの値段やモノにまつわる思い出、もしかして使うかも……という感情に振り回されてしまいます。しかし「モノ対今後の人生」に視点を切り替えることができれば、人生を軸に要不要を判断できるので、迷いが減るのはもちろんその決断にブレがなくなってきます。

私はなんのために整理整頓をしているんだっけ？

ここさえ見失わなければ、壁にぶつかったとしても、上手くいかず凹んだとしても乗り越えることができます。

部屋をスッキリとさせるため、自分を変えるため、様々な理由があるでしょう。しかしなぜ、部屋をスッキリとさせたいのでしょうか。なぜ、自分を変えたいのでしょうか。問い続けたその先に、大切な理由は必ずあります。

壁にぶつかったら、できない自分を責めすぐに諦めるのではなく、一息ついて未来に思いを馳せながら整理整頓を進めていきましょう。

chapter 4

自分軸を磨き育てるじぶんデトックス
～7つのチカラ～

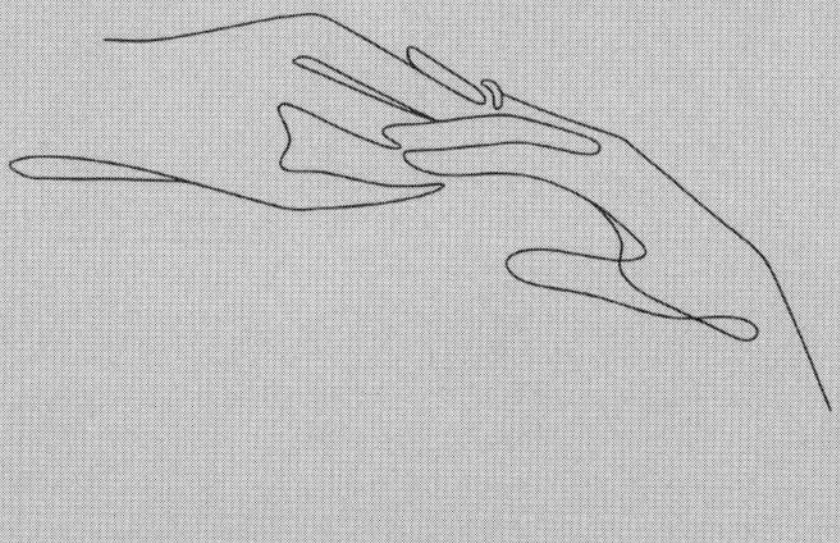

ここまでは、自分に向き合いながら整理整頓を進めていく手順を紹介しました。おうちも心も徐々にスッキリしていく過程を目の当たりにしていると、気持ちが本当に楽になります。今までのように、「自分には何もない」ということなんてないと思えるようになってきたのではないでしょうか。きっと、一皮も二皮もむけたあなたが今ここにはいるはずです。

人生はまだまだ続きます。これからは、自信のなさに足を引っ張られるのではなく、目まぐるしく変化する時代を軽やかに生き抜いていく術を身につける必要があります。そこで重要なのが**「自分はどうしたいのか」という自分軸で意思決定をして、人生をコントロールしていく力を身につけることです。**

本章では、整理整頓を続けることで磨き育てることができる7つの力について、順番に紹介していきます。自分の足で立ち人生を切り拓いていくためにも、7つのチカラを育てていきましょう。

その1　理想の未来を手に入れる〔判断力〕

判断力……物事を冷静に受け入れ、正しく認識し、評価する能力

判断力は教えられて身につくものではなく、主体的に判断を繰り返すことで育むことができます。

どのような判断を下すのかによって未来は大きく変わるからこそ「自分はどうしたいのか」という冷静な視点を持ち、モノと向き合い、状況に合わせた最善の判断を下すことが大切です。

明確な目標を持つと判断がブレなくなる

判断が苦手という方の傾向のひとつとして「判断を下す目的と理由が不明瞭なこと」が挙げられます。判断を下すこと自体が苦手なのではなく、判断する理由がわからないから、苦手意識を持ってしまうのです。

じぶんデトックスの目的は、おうちをスッキリと整えることではありません。**おうちを整えたその先にある、生きづらさから抜け出した人生を手に入れることが目的です。**この目的は誰かに決められたものではなく、自分自身が心地よさや幸せを感じられる状態を設定しているため、すべての判断は自分軸です。自分軸が明確なら、他人軸に振り回されることなく判断できるでしょう。

例えば、捨てるかどうか迷っているワンピース。ほとんど着ていないけど高かったし、もったいないな……と悩んでしまうと判断に時間がかかり、結果後回しにしてしまいます。しかし、

「好きなブランドの服だけを着て、仕事もプライベートも充実しているおしゃれな私」として生きるために整理整頓をする！

というように、**目的と理由が明確であれば、要不要の判断はすぐに下すことができますよね。**

✓なんのために判断するのか
✓判断して、どんな未来を手に入れたいのか

ここを明確にすることで、ブレない判断を自信持って積み重ねていくことができます。

本気で自分に向き合わなければ主体的に判断できない

判断を下すということは、その結果には責任が伴います。「責任を負いたくない」と逃れようとしがちなのも、判断が苦手な方の傾向です。

責任から逃れようと判断から逃げ続けてしまうと、判断力は弱まっていきます。判断力が弱いと、いつまでも他人の意見に振り回され、他人の言いなりになり、いずれ自分を見失ってしまうでしょう。それだけでなく、チャンスを逃してしまったり、悪い結果を引き寄せて信頼を失ってしまったり、状況を悪化させてしまう危険さえあります。

整理整頓をして何かを捨てるという判断には、責任が伴います。「もう必要ない」

「まだ使う」という判断を下し、もし後悔することがあったとしてもそれは自己責任で、他責にすることはできません。

現状を変えていくためには、責任を負う覚悟を持って、自分自身に向き合い判断を下す必要があります。厳しいように感じるかもしれませんが、**その覚悟と判断こそが今後の大きな自信につながります。**

私たちの人生は、毎日いろんなことが起こります。判断を誤り、取り返しのつかないことになってしまったという経験をした方も少なくないでしょう。ミスや後悔が続くと、判断を下すこと自体が怖くなってしまいます。しかし生きている以上、判断から逃れることは不可能です。

整理整頓は、判断力を鍛える訓練になります。頭の中で考え判断するよりも、目の前にあるモノを手に取り、着実に要不要を判断していくからです。**小さな判断を繰り返し、理想的な結果につながった。この積み重ねがあなたの判断力を鍛え、これからの人生を輝かせていくのです。**

固定概念を手放し広い視野で判断する

「こうあるべき！」を握りしめた状態での判断は、苦しい未来を引き寄せてしまう可能性があります。そこに自分の意志はなく、他者の意見や世間一般の価値観によってつくり上げられた枠に、無理矢理はまろうとした上での判断だからです。

固定概念に囚われていると、それがすべてだと思ってしまうため心の声に従った判断は難しくなります。そのため「こうあるべき！」、「こうせねば！」を握りしめている自分に対して、

✓本当にそうなのか？　という疑問を抱く
✓本当はどうしたいのか？　と問いを投げかける

このステップを踏む必要があります。

普段、自分の固定概念について立ち止まり、じっくり考える機会などあまりないでしょ

う。『7つの習慣』の著者スティーブン・コヴィー氏が提唱するように、**本来時間を費やすべき「緊急度が低く、重要度が高いこと」ほど、人は後回しにしてしまいます。**

整理整頓の前におうちカフェ時間をわざわざ設けているのは、どんな固定概念を握りしめているのか、それがどんな制限をかけているのかを知るためです。

「こうあるべき！」に縛られるのではなく、「私なんて……」と可能性を狭めるのでもなく、**自分に向き合いフラットな視点を持つことができれば、物事を多面的に捉えることができる**でしょう。ひとりよがりではなく、客観的な事実や公平な判断の元、行動を積み重ね、判断力を育んでいきましょう。

その2　理想の自分を生きる〔決断力〕

決断力……自分の判断と責任で物事を決める能力

就職に転職、結婚、出産と人生には様々な転機があります。決断力があれば、タイミングを逃すことなく、自分の意志で物事を進めていくことができます。
「失敗が怖い」、「責任が持てない」、「自信がない」、と決断を後回しにしていると、いつまでたっても現状を変えることはできません。決断から逃げて満足いかない人生を送るよりも、自分の手で理想の人生をつくる！　と決めることが、理想の未来を手に入れるためには欠かせないチカラです。

自分軸に沿った取捨選択が決断力を磨く

「自分はどうしたいのか」という軸が定まっていれば、物事はスムーズに決断することができます。決断するための目的と理由が明確なのはもちろん、判断軸も一貫しているからです。

じぶんデトックスで取り組む整理整頓は、おうちカフェ時間で明確にした価値観に沿って取捨選択を繰り返していきます。そのため、他者評価や「普通は……」といった他人軸の視点に左右されることなく、捨てるのか、持ち続けるのかといった決断を下せるようになります。

まわりの意見や評価を優先して下した決断は、たいてい後悔や他責の原因になります。「スカートを履いた方がいいよって言われたけど、動きにくくてストレスが溜まる……」、「デキる30代女性ならこの化粧品を使わなきゃ。でも結構高いし買い続けるのはしんどい……」というように、自分が置き去りになるため、実行するための決断自体が苦しくなります。結果、追い込まれ生きづらさを感じてしまうのです。

そもそも、決断には大なり小なりストレスが伴います。良い結果を招くかもしれないし、最悪の事態を引き起こすかもしれない。どんな結果を招くのかわからないことに対して決断するためには、「怖い」、「不安」、「心配」といった負の感情を乗り越えなければなりません。「自信がない」、「決断できない」といった弱さに向き合わなければならないこともあるでしょう。

自分を置き去りにした決断で、負の感情を乗り越えるというのは想像以上のストレスです。しかし自分軸に沿った決断なら、そこに覚悟も伴うので決断に対するストレスも半減します。

主体的に判断し、決断を繰り返すことで決断力は磨かれます。決断を下すことから逃げるのではなく、人生に向き合った決断を繰り返すことが、生きやすい未来を招くのです。

決断しない＝今のままでいい

決断しなければ、人生を変えることはできません。決断しないということは、現状維持を選ぶということだからです。

決断とは「決めて断つ」ことです。**現状が嫌なら、変えると決める。そして今までのあなたをつくりあげたモノや価値観、習慣を手放していく。**本来これだけでいいはずですが、決断にはリスクが伴います。整理整頓の場合、

✓必要なモノを捨ててしまい買い直すリスク
✓捨てなければよかったと後悔するリスク
✓持っていなければ困るかも、という恐怖心を抱くリスク

などが挙げられます。

リスクを考えると、決断しない方が楽だと考えてしまうのが人間です。

しかし、今の自分にとってリスクかもしれませんが、長期的に考えると、今決断しないことの方がリスクです。決断して後悔するよりも、決断しなかったことで後悔する方が心に重くのしかかります。目の前の散らかった部屋、起こっている出来事は、過去のあなたが「決断しない」ことを選んできた結果です。

整理整頓による決断は、「得られる未来」だけでなく「失うかもしれない未来」にも向き合う必要があります。最初は難しく感じるかもしれませんが、**何のためにその決断をするのかさえ見失わなければ、乗り越えられる**ので心配はいりません。

目的を見失うことなく繰り返していけば、「決断」という行為にも慣れていきます。その結果、必然的に決断力は磨かれ、思考は整理され、意思決定も早くなります。常に変化を選ぶ決断はいずれ、満足いかない今を抜け出す追い風となるでしょう。

決断した先に生まれる心の余裕

捨てる決断を繰り返していけば、いずれ心の余裕が生まれます。

モノが少なくなれば、日常生活で下していた決断の数も圧倒的に少なくなります。

思考に余白が生まれ、冷静に物事を考えられるようになるからです。


アップル創始者のスティーブ・ジョブズ氏が意思決定の負担を軽減するために毎日同じ服を着ていた、というのは有名な話ですが、決断にはエネルギーを使います。

大小問わず何度も決断を繰り返していると、気づかぬうちに疲労は蓄積し、その結果イライラ……という経験はあなたにもあるかもしれませんね。

自分迷子の沼にはまっているときというのは、思考に余白がなく、心に余裕のないときです。この状態は、

✓冷静に考え決断することができない
✓その場に応じた臨機応変な対処ができない
✓苦しい選択が当たり前だと思ってしまう

など、さらに悪化させてしまうことになります。

まずは、とにかく**整理整頓をしてたくさんの決断を下し、今ある選択肢をとことん減らす**ことを意識していきましょう。

最初は時間がかかっていた決断も、慣れていけばスピードが上がっていきます。自分にとって何が必要なのかが見極められるようになり、おのずと決断に自信も持てるようになるためです。決断するモノも減ってくるので、時間が経つにつれてさらに思考と心の余白が生まれるでしょう。

人生の満足度を高めるためにも、ブレない軸に沿った余裕のある決断力を育んでいきましょう。

その3　小さなきっかけをつかみ取る〔行動力〕

行動力……考えたことを行動に移す力

思考をめぐらせて終わるのではなく、実際に行動に移すことで人生に波を起こすことができます。

どれだけ判断、決断しても、それを行動に移さなければ何も変わりません。変化の激しいこの時代を生き抜くのは、人生をより良くするための自発的な行動力です。

主体的な行動が変化の波を起こす

新型コロナウイルス感染症の蔓延によって、私たちの暮らしは大きく変化しました。経験したことのない出来事が日々起こる中で、不安に飲み込まれながらもたくましく乗り越えることができたのは、行動力のある人です。目の前の出来事と自分の人生に向き合い、「このままではダメだ」、「変わらなければならない」と行動を起こすからこそ、新たなチャンスをつかむことができるのです。

インターネット上には、様々な情報があふれています。ノウハウ、流行、口コミなど知らない情報を得るのはとても楽しい時間で、ネットサーフィンをしようものならあっという間に時間が過ぎてしまいますよね。しかしこれが落とし穴で、情報を眺め続けているといつの間にか「知っている」気になってきます。それだけでなく、さらに「できている」気すらしてくるのです。

「知っている」と「できている」とでは全く異なります。携帯やパソコンを覗き込んでいるだけでは何も変わらず、**行動を起こさなければそこからの気づきは生まれません。**

自分迷子の沼にはまっている女性は努力家な方が多く、本当にたくさんのことを知っています。しかし、その情報を自身に落とし込み、行動に移している方はそこまで多くありません。

人生がうまくいっていないときというのは、色々と考えるものの、自信がないから……と頭の中で解決してしまい、結局行動は起こしていないとき。どれだけ考えても現状は何も変わっていないので、また同じ悩みを繰り返します。そもそも行動することに慣れていないので、いざ行動しようとしてもスムーズに対処することができないのです。

ソファーに横になって考えているだけでは、やる気は湧いてきません。整理整頓をして実際に体と心を動かすからこそ、自然とやる気が湧いてきて、様々な行動につなげることができるのです。

行動を続けていれば、時間の使い方も変わります。時間の使い方が変われば、今まで諦めていたこと、後回しにしていたことに取り組むこともできるでしょう。

「行動できる私」でいることが、歳を重ねていく中で起こる出来事に対処し、変化するこれからの時代を軽やかに生き抜いていく術なのです。

環境の変化に慣れる

今の世界から抜け出すには、環境を変えるのが一番手っ取り早い方法です。職場や人間関係など、誰とどんな時間を過ごすかによって価値観や習慣はつくられるからです。

とはいえ、人は急激な変化を嫌います。すぐに変化を起こすのは難しいからこそ、おうちの中というコントロールしやすく変化にも対応しやすい場所から変えていくことが効果的です。そうすることで、少しずつ自分をアップデートしていくことができるのです。

整理整頓をすれば、目に見えるモノが減っていきます。ゴミ袋10袋ほど手放せば、人によってはかなり景色が変わるでしょう。「ワークスペースをつくりたいな」、「インテリアにこだわってみようかな」など、今まではやろうとすら思わなかったようなことを考え、次の行動を考えるようになるはずです。

さらに、モノと自分に向き合う過程の中で、余計なしがらみや思い込み、価値観といった目に見えないモノも減っています。そのため、今まで以上に行動に移しやすいマインドに変化していることでしょう。

例えば、「大卒じゃないから勉強なんてしても出世できない」とブレーキをかけていた興味ある学び。私なんかが……と諦めていたことも、ワークスペースをつくることで、今あるスキルを活かして転職しよう！　新たなキャリアを築いていこう！と前向きに取り組めるようになるかもしれませんね。

こうやって行動を起こし環境を変えることが、変化の波を起こします。行動すること、変化することに慣れていけば新しいことに飛び込む勇気も身につくでしょう。さらには、今までの自分では考えられなかった選択肢を増やし続けられるようになるからこそ、可能性を大きく広げていくことができるのです。

人生への期待が行動力を高める

他人の目を気にして生きてきた自分迷子の沼の住民も、行動し続けることで他人の目が気にならなくなります。

整理整頓は「目の前のやるべきこと」と「これからの人生」に集中している状態なので、わざわざ他人と比べている暇はなくなるからです。

他人と自分を比べることは、悪いことではありません。他人と比べるからこそ、強みや得手不得手《えてふえて》、大切にしている価値観などを知ることができます。しかしそこに目を向けるのではなく「他人より劣っている自分」に目を向けるために比べてしまっては本末転倒です。

自分なんて……と思っているうちは、足りない自分を埋めるために資格を取ったり買い物をしたり人間関係を築いたりするので、どれだけ頑張っても人生は苦しいままです。心に余裕がないので、現状を抜け出すきっかけさえつかめないでしょう。しかし整理整頓をしながら人生に向き合っていけば、いつの間にか億劫だった行動も楽しめるようになります。より良い人生を形にするために行動できるようになれば、実行力も鍛えられるでしょう。実行力が身につけば、自分迷子の沼から抜け出した先の未来も切り拓いていくことができます。

人生は、行動次第でいくらでも変えられます。他人ではなく、自分に期待すること。他人の期待ではなく、自分の期待に応えられること。視点を自分軸に切り替え、これからの行動を起こしていきましょう。

その4　自分で人生を切り拓く〔問題解決力〕

問題解決力……発生した問題を分析し、原因を特定し、対処すること

生きていると様々な壁や苦難といった問題にぶつかりますが、背を向け続けていては同じ問題が繰り返されるだけです。生きづらさの根本原因に向き合い、対処する問題解決力を磨くことで、未来は切り拓くことができます。

なぜ起きたのか？　に向き合うことが沼脱出のヒント

整理整頓をすることで、抱えていた生きづらさの原因はなんだったのか、何がそうさせていたのか、なぜ起こったのかということに気づくことができます。

今までは見て見ぬふりをしていたことも、モノを通して過去に改めて向き合うことで、根本的な原因を直視せざるを得ないからです。


例えば、携帯に登録している連絡先の整理整頓。リストを眺めていると、懐かしさを覚える反面、ザワザワとした気持ちになる名前を目にしたり、人間関係のトラブルを思い出したりすることもあるかもしれません。

当時の自分に連絡先を交換しない勇気、違和感を感じた時点で離れる意志があれば、あのつらかったトラブルは起こらなかったでしょう。相手のせいにしたい所ですが、起こった問題の根本原因は、相手との境界線を引くことができなかった自分の弱さ。となれば、ここからは、断る勇気を身につける必要性を学ぶことができます。

クローゼットの中で一際目立つ、ハイブランドのスカート。高い服を買っている自分にドキドキしたけれど、その後一度も履いていないし、目にするたびに心が重くなる……という場合も、気づきの宝庫です。

無理して買わなければ、見栄を張らなければ、心から欲しいモノや経験にもっとお金を使うことができたでしょう。ここからは、モノで欠乏感を埋めようとする弱い自分を直視することで、同じことを繰り返さないようにしよう、と学ぶことができます。

問題の根本原因に向き合うのは、かなり勇気がいるものです。誰だって見たくなかった自分の嫌な部分、責めたい失敗や弱さにわざわざ目を向けたくはありません。しかし、原因に真っ直ぐ向き合う勇気を出せば「生きづらくなる問題が起こりがちなパターン」を知ることができます。パターンが分かれば、対処ができます。その結果、問題が起こりにくい人生に少しずつ変えていくことができるのです。

たくさんのリソースが問題解決の助けになる

整理整頓を通して、私たちは手にしている「リソース」を知ります。資源や資産という意味を持つリソースは、人生で起こる様々な問題を解決する上でなくてはならない大きな力を持ちます。

起こった問題を解決するためには、

✓根本原因に向き合う
✓現状を分析する
✓理想の状態に向かうための術を考える

というステップを踏むのですが、最後の理想の状態に向かうための術を考える際、このリソースが役立ちます。

今までは、自分には何もないから……と問題に向き合うことも解決しようとすることも諦めていたかもしれません。しかし「ある」に目を向け、たくさんのモノを手にしていると気づけた今なら、リソースを最大限駆使して、問題解決のために自ら行動を起こせるようになります。

✓自分のスキルや時間を使って解決する
✓友人や知人の力を借りる
✓施設や制度を利用する

など、**自分の知識はもちろん、貯金も経験も人脈も情報も手にしているモノはすべてリソースです。**

リソースを使いこなせるようになれば、今までのように自分迷子の沼にはまって過ごすのではなく、問題解決できるようになります。この積み重ねは、いつか発生しそうな問題の気づきにもなり、今までの失敗を元に対処・予防する力になります。そしてもし、今後何か問題が起こったとしても「自分はどうしたいのか」という軸に従って判断、決断、行動して解決する助けとなります。

プライベートだけでなく、仕事をする上でも大きな支えとなるのがこのリソースです。現状に行き詰まりを感じているのであれば、ぜひ持てるリソースを書き出してみましょう。

整理整頓を続けていけば問題は減っていく

様々な問題に向き合う中で、取捨選択の精度は上がっていきます。精度が上がれば上がるほど、自分の人生にとって不要なモノはなくなっていきます。それは、不要なモノが引き起こす問題に巻き込まれることが減っていく、ということでもあります。

散らかった部屋を整理整頓する場合、最初はかなり体力が必要です。捨てるのか、持ち続けるのかを判断しなければならないモノの量が多いので、判断するだけで一苦労。さらに、捨てに行ったり収納したりとかなり体を酷使します。

しかし、続けているうちにだんだんとモノは減っていきます。減っていけば、あまり体力を使わなくてもよくなり、少しずつ楽になってきます。

ただ、ここで注意したいのが、この時点で残っているモノは大体「本当に大切なモノ」もしくは「判断が難しいモノ」で、取捨選択が難しいモノばかりだということです。不要なモノを削ぎ落とせば、本質に近づきます。ということは、より本質的な部分に向き合うためにも、今度は感性を研ぎ澄まし、心と思考をフル稼働しながら取捨選択を進める必要があるのです。その結果、整理整頓を繰り返す中でおのずと取捨選択の精度は上がっていきます。

目に見えるモノも、目に見えないモノも、不要なモノは何かしら問題を引き起こします。「自信がないから」、「私なんて」と決断を逃れていては、いつまで経っても問題に追いかけられる人生を繰り返します。えい！　と腹をくくって解決する術を考え行動するからこそ、問題はいつの間にか小さくなるのです。

問題に向き合い、自分なりに対処したことは経験値を高めます。そしてこの経験は、**これからの人生で生じる問題を乗り越える糧《かて》になります。**たくさんの糧を携えて、未来を切り拓いていきましょう。

その5　過去の経験や自分の思いを大切にする〔包容力〕

包容力……欠点や過ちも含め、あるがまま受け入れる力

ここでの包容力は、他者に対する包容力ではなく自分自身に対する包容力です。大切な自分という存在をそのまま受け入れることができれば、おのずと他者も受け入れる心の余裕と器がつくられていきます。

自分自身との信頼関係がより良い人生をつくる

自分自身との信頼関係が築けていれば、あるがまま受け入れていれば、人生は楽しく愛おしいものです。わざわざ足りない部分やダメなところに目を向け、自分で自分を攻撃したり否定したりしないからです。

信頼関係を築けていない相手と四六時中《しろくじちゅう》一緒に過ごすのは、とてもつらいもの。他人なら距離を置くこともできますが、「私」との関係は一生続きます。だからこそ、

より良い関係を今一度構築する必要があります。

整理整頓をする前に取り組むおうちカフェ時間は、あるがまま受け入れる準備の時間でもあります。感情を書き出したノートには、「認めたくない自分」、「否定したい自分」がたくさん出てくることもあるでしょう。しかし**どんなに嫌だと思っても、それがありのままの姿です。**ここを受け入れなければ、現状を変えることはできません。

受け入れ拒否したくなる気持ちも、よくわかります。しかし思い出して欲しいのですが、そもそもなぜおうちカフェ時間を過ごしているのでしょうか。生き方を見直すためですよね？

人生に本気で向き合おうとする姿勢には、理想を現実にするパワーがあります。だからこそ、まずは自分自身との信頼関係を築き、あるがまま受け入れる土台を固めていきましょう。

受け入れる勇気があなたを強くする

未来に向かうためには、逃げずに向き合わなければならない過去もあります。そんな過去をあるがまま受け入れるのは、本当に怖いもの。ですが、整理整頓で再び過去に戻ったとき、勇気を出して受け入れるのかどうかで、過去に対する捉え方は大きく変わります。

私の場合、向き合わなければならない過去は離婚でした。離婚後しばらくは、生きづらくて事実からずっと目を背け、とにかく必死で忘れようとしていました。自分のことも、歩んできた人生も、存在すべてを拒否していたころです。

しかし忘れようとしたところで、現実は変わりません。受け入れる勇気なんてないので、散々逃げ続けたのですが、数年後、このままじゃダメだ！　とやっと整理整頓をして現実に向き合ったのです。結婚式の写真やぬいぐるみ、母がつくってくれたブーケ。ひたすら目を逸らし続けてきた過去でしたが、結局そこにあったのはいい思い出ばかりでした。時間はかかりましたが、勇気を出して向き合い、過去を受け入れたからこそ、こうやって前に進むことができたのだと思います。

どうしても受け入れられないときは、全力で逃げて、保身に走ればいいのです。

ただ、どれだけ逃げ回っても逃げきれなくて、いい加減向き合わなければならないと降参したのなら、弱くて情けないありのままの自分を受け入れてみましょう。

もう私は逃げない！　という姿勢は、あなたを本当の意味で強くします。

包容力アップであなたを取り巻くすべての人が笑顔に

自分のありのままを受け入れることができるようになれば、おのずと心が満たされ、まわりの人も受け入れられるようになります。

心が枯渇していると、どうしても誰かに足りない部分を埋めてもらおうとしてしまいます。しかしそうではなく、自分で自分を満たすことができていれば、まわりの人を受け入れ包み込むだけの土台が整います。

誰かに心の枯渇を埋めてもらおうとする姿勢は、自分自身も相手にとっても苦しいもの。だからといって、依存しないように本音をおさえこみすぎるのも考えものです。というのも、自分迷子の沼にはまっているときというのは、このバランスをうまく取ることができず、結局ひとりで我慢して苦しさを抱え込んでしまう……というパターンに陥りがちだからです。

自分のことはどうでもいいから、まわりの人に笑っていてほしい！　という頑張りは、自分もまわりも苦しめます。そこから抜け出すための、整理整頓です。

あなたがあなたをあるがまま受け入れていれば、まわりのみんなも安心します。そもそも、あなたのまわりの人は、あなたのことが好きだから一緒にいるはずです。それなのに、あなたは自分のことが嫌いで、受け入れられなくて……という状態では、相手にも失礼です。**あるがまま受け入れ「まずは自分」と意識することが、みんなを幸せにするんだよ、**と言い聞かせながら今できることをやってみましょう。

その６　自分はできる！　と自信がつく〔信用力〕

信用力……信用されている度合い、信用を得る力

ここでの信用力は、自分に対する信用のことです。手に入れたい未来のために整理整頓をして、着実に現実を変えた経験は、何物にも変え難い大きな信用になります。

あるじゃん！　は自分を信じる最大の力

信用は目に見えないもの、感じ取るものですが、手に取って知ることができる唯一の方法があります。それは、整理整頓するモノを通して「ある」に気づくことです。あなたへの信用が形を変えたモノが、そこには「ある」からです。

たった1本のペンでも、そこにはたくさんの信用が詰まっています。購入したのであれば、購入するお金をくれた勤め先からの信用があります。クレジットカードで購入したのなら、カード会社からの信用。いただいたのなら、送り主からの信用。そこに「ある」ということは、あなただからこそ得られたモノのはずです。

Dさんは、仕事関係の書類の山に頭を悩ませていました。元々言いたいことが言えないタイプで、さらに整理はとても苦手。積み上がっていく書類を見るたびに、「私にばかり仕事を押し付けられている」と感じていたそうです。しかし整理整頓を進めるうちに、仕事を任せられるのは、それだけ信頼されていたということ、Dさん自身もっと認めてもらいたくて仕事を受けていたこと、自分のことを自分が一番信じていなかったことに気づかれたそうです。

そこからは、もう認めてもらえているのだから、無理せず全力を尽くそう、クオリティの低い仕事をしたくないから、キャパオーバーのときは断ろう、と意識と行動をチェンジ。書類はみるみるうちに小さな山になり、仕事が楽しい！　と笑顔で話せるようになりました。

「私は信用に値する人間だった」と気づき、腑に落ちたら、そこから芋づる式にたくさんの気づきに出会えます。その気づきによって、発する言葉や行動すべてが変わり、私にはできる！　と自分のことを信じられるようになるのです。

深く知れば知るほど信用できるようになる

自分をもっと信じるために役立つのが、おうちカフェ時間です。考えていることや気づきをノートに書き出し言語化することで、より自己理解を深めることができるからです。

人は、自己開示する人を信用します。何を考えているのかわからない人、どこの誰だかわからない人に「信じて！」といわれても、笑顔でスルーする人がほとんどでしょう。仲良くなりたい相手には、もっと私のことを知ってほしいと思うもの。

✓私はこんな性格です
✓普段はこんなことを考えています
✓将来の夢は〇〇です
✓こんな失敗をしたことがあります
✓〇〇する時間を大切にしています

など、自己開示すれば距離を縮めることができます。

信用できていないときというのは、それだけ「知らない」ということでもあります。何を感じているのか、何を考えているのか「知らない」を「知る」に変えてあげるだけで、理解は深まります。良好な人間関係を築く上で、自己開示スキルは必須です。このスキルを自分に対して発揮することが、自分に対する信用力につながります。

信用できる！　と言い切れるほど、深くあなた自身のことを知っていますか？　言い切れないときは、まずは知ってあげることから始めましょう。

成功体験の積み重ねが自己信頼になる

自分を信用できるようになれば、いずれ信頼を得られるようになります。

信用……今までの経験や実績から得られるもの
信頼……これからの行動に期待して頼りにするもの

です。

「私にも片付けることができた」、「逃げずに過去に向き合った」という成功体験を積み重ねることは、信用を積み重ね、信頼できるようになることでもあります。決めたことをやり切るという自分との約束を、しっかりと守っているからです。

約束を破り続けている人というのは、誰だって信用できないもの。それは、人に対してだけでなく自分に対しても同じです。

✓今日は片付ける！　と決めていたけど、やる気が起きないからやらない。
✓ダイエットのために間食をやめる！　と思っていたものの、ちょっとくらいいいかな……と、おやつを頬張る

こんなことを繰り返していては、いつまで経っても何も変わらないだけでなく、いずれ自分のことが信用できなくなります。その結果、罪悪感を抱えたり、どうせできないから仕方ない、と諦め癖がついてしまったりするのです。

できない私を塗り替えていくために必要なのは、いきなり大きな課題に挑戦することではありません。ダイニングテーブルの上に積み重なった郵便物を整理する、デスクトップを整理する、といった作業レベルの一歩を踏み出すことです。やるぞ！と気合いを入れなくてもできるようなことを繰り返し、肯定的な感情を繰り返し味わうことが、次への活力につながります。

自己信頼は、誰かになんとかしてもらえたらできるようになる、というものではありません。行動を起こし、できた！　を積み重ねた先にあるもので、自分で乗り越えた事実があるからこそ得られるものです。

あなたは自分のことを心から信頼できていますか？　できていないのであれば、どんな行動を積み重ねたら信頼できるようになりますか？　改めて、考えてみることで、たくさんの気づきがあるはずです。

その7　過程を大切にしながら小さな一歩を進み続けられる〔継続力〕

継続力……続ける力があること、習慣にできること

自分迷子の沼を抜け出すためにコツコツと整理整頓を続けることで、おのずと継続力が身につきます。無理なく続けるコツも習得できるため、手に入れたい未来に向かって行動し続けることができます。

内から湧き出る動機が継続力の秘訣

やる！　と決めて続けた整理整頓は、継続力を鍛えることができます。誰かにいわれて起こしている行動ではなく、生きづらさから抜け出したい、という自分の中から湧き出るエネルギーで動いているからです。

自発的に行うおうちの整理整頓は、疲れたから……と途中で辞めることはありません。毎日5分ずつ続ける人、毎週時間をとって続ける人、様々ですし1ヵ月ほど間が開くこともあるでしょう。それでも辞めることはありません。

なぜなら「変わりたい」という内から湧き出るエネルギーがあるからです。

自発的に行うおうちの整理整頓は、せっかくスッキリしたのにリバウンドしてしまった……ということもありません。意図してモノを減らしているので、細々したモノは散らかるかもしれませんがリバウンドできません。

なぜなら「あの頃に戻りたくない」という内から湧き出るエネルギーがあるからです。

「こうするべき」、「ちゃんとしなきゃ」といったまわりの意見や空気を読んで意思決定したことは、驚くほど続きません。

そこには、やりたい！　という想いがないからです。

できないと思ってしまう、行動が伴わない、他人と比べてしまう、言い訳が多い、など継続できない原因は様々ですが、最大の原因は「やる気がない」ことです。やりたいと思っていないことを続けるというのは難しいもの。今までは、それでも我慢してやり続けることができたかもしれませんが、その我慢が自分を苦しめていると気づけたのであれば今から変えていきましょう。

内から湧き出るエネルギーは、想像以上の威力を発揮します。人生が変化していく様を体感しながら、継続力を鍛えていきましょう。

整理整頓の先に得られるゴールが明確だから立ち止まらない

継続できない原因としてやる気がないことを挙げましたが、もうひとつ大きな原因があります。それは「何のためにやるのかを見失っている」ことです。なぜ整理整頓をするのかを見失わなければ、自分のペースで継続することができます。

整理整頓前におうちカフェ時間を設ける理由は、ここにもあります。おうちカフェ時間で向かいたい未来を先に描いているからこそ、やる理由を見失わないのです。

捨てるのか、持ち続けるのかを迷ったとしても、求める未来に必要かどうかを考えれば決断できます。気に入って使っていたけどくたびれてしまったブランドのバッグも、購入金額や思い出の数々、まだ使うかもしれない、といったことを考え出すと決断するのは難しいでしょう。しかし、理想の私はくたびれたバッグを使い続けているかな？　と考えれば、決断はスムーズです。

決断を下し続けていると、モノが減るのはもちろん心境の変化も感じとることができて、だんだんと楽しくなってきます。もっとやってみよう！　とさらに意欲が湧き、スッキリとしていく部屋に満足度も上がり、続けることが当たり前になってきます。ここまでくると継続できている証拠ですし、継続するためには自分自身に対してどうアプローチすればいいのかもわかってきます。

そのうち、継続しないことの方が難しくなるでしょう。途中で辞めてしまうとしんどくなってしまうこと、元通りになってしまうことを知っているからです。

整理整頓に限らず、なぜやるのか？　というゴールさえ見失わなければ、例え時間がかかったとしても継続することは可能です。未来を見据えて、コツコツ変化を起こし続けることが継続力を鍛える秘訣なのです。

人生はすべて「こうなりたい！」に向かう途中

継続し続ける中で「こんなに頑張っているのに、何も変わっていない気がする」と、やる気を失うことがあるかもしれません。

確かに、目に見える大きな変化がなければ、嫌になりますよね。そんなときは、最初に行動したときのノートを見直して、今と何が違うのかを比べてみましょう。「今の私」には当たり前になっていることも「あの頃の私」にとっては眩しすぎる理想を生きているはずです。行動する前後を比べることで、変化したことに気づくことができます。

それでも上手くいっていない気がするときは「現状に満足することはない」と受け入れるのもひとつの方法です。

人は常に変化しており、常に「こうなりたい！」を叶える渦中にいます。そのため、常に物足りなさを感じてしまうものなのです。

だからといって、足を止めるのかといえばそうではないですよね。整理整頓を続ける中で、自分の良い変化を体感しているからこそ、より良い人生を歩むためにこれからも頑張ることができます。そして、自分を犠牲にするのではなく、自分のために頑張ることは結局人のためになる、とわかったからこそ、継続するエネルギーが湧いてきます。

継続しなければ、今この瞬間の心境の変化を味わうことはできません。その「今」に幸せを感じながら前に進み続けることが、理想の生き方を手に入れる大きな力となるのです。

chapter 5

自分との対話を増やせば人生が巡りだす

自分迷子の沼が教えてくれたこと

自分迷子の沼ですが、長い間はまり続け、やっと抜け出すことができたからこそ気づけたことが2つあります。

①もっと自分を大切に生きよう

まわりの目を気にしたり優先したりするという選択は、自分自身を後回しにするという選択でもあります。その選択を繰り返すことは、人の人生を歩むこと、一度しかない人生を放棄していることに変わりありません。

自分を大切にしていない頃の私は「何でこんなことばかり起こるんだろう……」と常に思っていました。職場のことを考え、出勤しないと……と体調が悪いのに無理をして出勤。結局、しんどくなってみんなに迷惑をかける。相手を嫌な気持ちにさせないために、言いたいことを飲み込んで我慢する。結果、人間関係に振り回される。自分なりに良かれと思って行動したことが、ことごとくうまくいかないために、いつも自分を責め続けていました。しかし、すべては自分が引き起こしていたこと。どうにか対処しようと頑張っても何も上手くいかず、やっと「このままじゃまずい！」と気づけたのです。

沼にはまっていると、自分ひとりではどうにも手に負えないようなトラブルに幾度となく見舞われます。しかし、それはピンチの顔をしたチャンスなのです。

心の声に耳を傾けてあげること、声を拾い上げてあげること、それができるのは自分だけです。そろそろ抜け出すタイミングだよ、という合図は、そろそろ自分を大切にしようね、と気づかせてくれるかけがえのないものです。

②沼にはまっていた苦しさはバネになる

自信がなく、硬い殻に閉じこもっていた人生。できない自分を責め続けた人生。**苦しかった世界とそうでない世界という両方を知っていることは、ある意味強みでもあります。**苦しかった過去をバネに、もう二度と同じ状態に戻らなくてもいいように頑張ることができるからです。

常に苦しい状態にあるというのは、その状態を「選んでいる」「慣れている」ということでもあります。これが当たり前、と思っている状態であるともいえるでしょう。この場合、抜け出すとどう変わるのかがわかりません。そのため、そこから抜け出そうというエネルギーが湧いてくることはないのです。

自信がない自分が嫌で、それを隠すために虚勢を張って生きてきたEさん。整理整頓をしながら自分と向き合う中で、頑張らなくてもいい、無理しなくてもいい、そのままの自分でも受け入れてもらうことができると気づけたそうです。気づきを受け入れるのには少し時間がかかりましたが、苦しさを感じていた状態から抜け出すことができたとき、「初めて苦しくない状態がどんなに楽なのかを知ることができた」と笑顔で話してくださいました。抜け出したからには、もう同じ思いはしたくない、沼の世界は嫌だ、と当時をバネに笑顔あふれる毎日を過ごされています。

自ら行動した結果、知ることができた沼から抜け出した世界。今まで経験したことのない**「苦しくない世界」を生きる選択もある、という気づきは人生を大きく変えて**

いきます。

沼を抜け出した世界にいきたい。
もう同じ苦しみは味わいたくない。

このエネルギーは、暗く閉じているように感じていた人生を、切り拓いていくための大きな力となります。

沼にはまっていない人生を歩んできた方がきっと楽なはずですし、経験しないに越したことはありません。しかし沼にはまっていたからこそ、飛躍できるバネを手に入れることができた！　と考えると、何事にも変え難いあなただけの人生経験になったのではないでしょうか。どう意味付けするかによって、経験は毒にも薬にもなります。その意味付けはいつでも変えることができるからこそ、そのときの自分が納得できる意味付けをしていきましょう。

「受け取る力」を磨けば、自分迷子の沼は遠ざかる

一歩、また一歩と抜け出すことができれば、もう二度とはまってしまわないように沼から遠く離れたいもの。このときに大切なのが「受け取る力を磨くこと」です。再び「ない」自分や欠乏に目を向けてしまうと、あっという間に沼生活に逆戻りです。そうならないように、たくさんの「ある」に目を向けてしっかり受け取る必要があります。

「ある」に気づけていないと、目の前にあるモノをスルーしてしまいます。スルーしているということは、受け取れていないということ。気づけていない時点で、たくさんのモノを取りこぼしているのです。なので、常日頃《つねひごろ》から何が自分のまわりには存在しているのか、目に見えるモノだけでなく目に見えないモノにまでしっかりとアンテナを張り、受け取る準備をしておく必要があります。

アンテナも、幼い頃はしっかりと張られていたはずです。しかし、鈍くなってしまった。この変化を起こしてしまったのは、残念ながら自分自身です。

これ以上傷付きたくない、嫌な気持ちになりたくない、といった思い。これが自分をおさえ込み、本音も感性も何もかもが鈍ってしまい、アンテナは機能しなくなり……というのは仕方ないことなのかもしれません。しかしその結果、人生が上手くいかなくなってしまったのなら、そのやり方は間違っていたということになります。

鈍った心をもう一度磨くためにやった整理整頓は「ある」に目を向ける訓練です。その訓練を繰り返すことで、だんだんと心は蘇り「ある」モノを受け取れるようになります。弱っているのならもう一度、受け取る力を磨き鍛えていきましょう。

ここで気を付けたいのが、受け取ったか

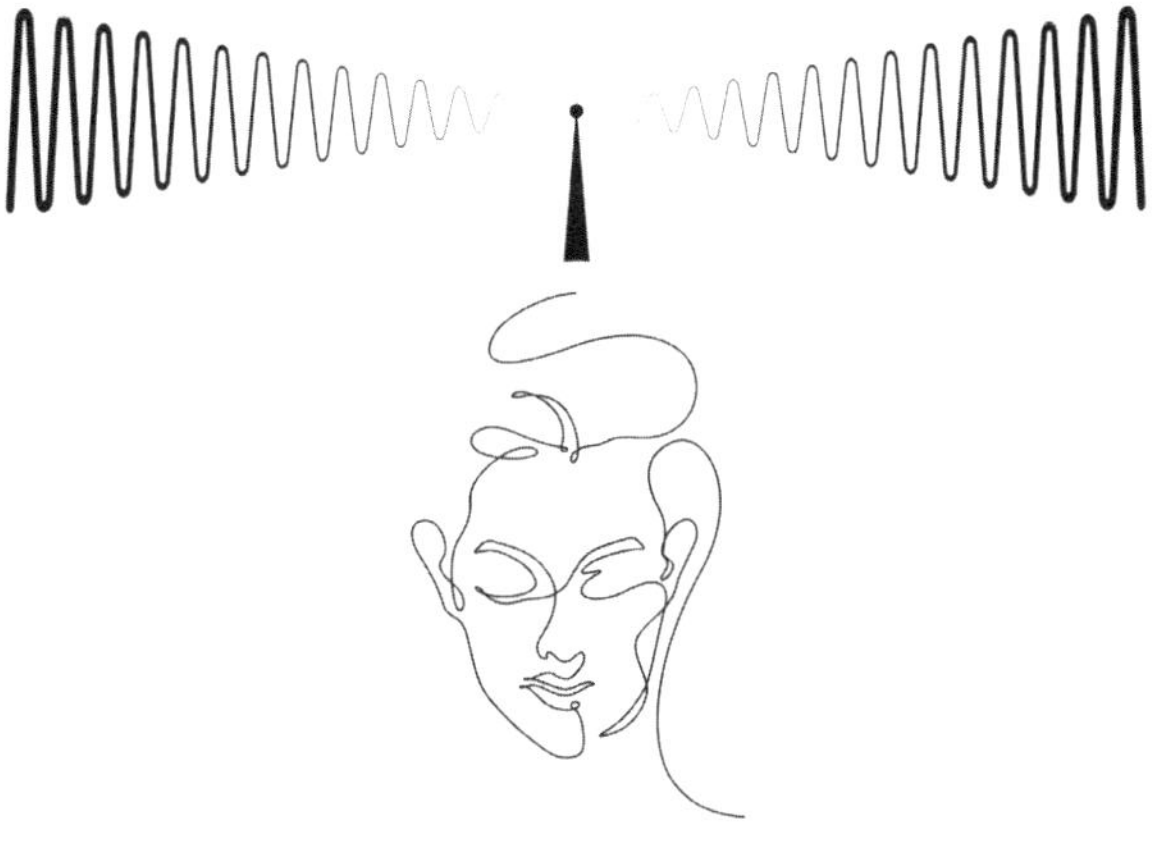

らといって、すぐに受け入れる必要はないということです。必要であれば受け入れ糧にする、必要なければ手放す、というように受け入れるかどうかは自分で取捨選択しましょう。この決断は、整理整頓を繰り返したあなたなら自信を持ってできるはずです。「ある」を受け入れながらマイペースに、沼から離れていきましょう。

沼にはまって元通りになりそう……と焦ったときの解決法

どれだけ気を付けていても、自分迷子の沼に再びはまってしまうことはあります。そんなときは、無理に対処しようと焦っても悪化するだけなので、現状に身を任せてしまいましょう。時間が経てば、解決策が見えてきます。

沼にはまっている状態というのは、心が弱っているのはもちろん、視座が下がり視野も狭くなっている状態です。そんなときに焦って行動を起こしても、いい結果は得られません。**まずは「落ち込む」「自分を責める」「もがく」といった負の行動をしっかりとやり切ることが大切です。**

✓焦り切る
✓落ち込み切る
✓負の感情を感じ切る
✓人と比べて嫌になり切る

というように、よくないことだと認識していることもやり切ることでスッキリします。

目の前の現実をどうにか変えようとするのではなく、先に感情を片付けてしまいましょう。

こうやって書いている私も「なんて自分はダメなんだ」、「やっぱり上手くいかないんだ」と、定期的に落ち込んでいます。今までは無理にポジティブに考えようとしていましたが、無駄な抵抗はやめて存分に自分を責め、ノートにも感情を書き殴り、ときには思いを声に出しています。続けていると、だんだんと落ち着きを取り戻し、そんな自分だけどいいよね、と思えるようになるのです。

特に女性はホルモンバランスの波もありますし、常にフラットな状態を保つというのは難しいもの。**負の感情に見舞われて当たり前、落ち込んで当たり前、という姿勢でいれば、落ち着いて対処することができます。**

自分迷子の沼を抜け出した状態を知っている、抜け出すコツをつかんでいる、というのであれば、心配しなくても大丈夫です。焦り切る、落ち込み切る、などやり切った後はどうしたいのかを問いかけてあげて、冷静に立て直していきましょう。

心と体を大切にした生き方は常に探りアップデートを

様々な経験をして歳を重ねる中で、価値観や理想の姿は当たり前に変化していきます。「変わる」ということは当たり前なのです。それなのにも関わらず、「前はこうだったから……」とかつての決断にしがみついていては、また苦しくなってしまいます。今の自分は何を大切にしたいのか、常にアップデートしていきましょう。

かつての決断を尊重するのは、真面目な人ほどやりがちです。悪いことではないのですが、その行為によって身動きが取れなくなってしまっては、本末転倒です。

整理整頓を進めていたFさんは「以前は大切だと思っていたバッグなのに、急にどうでもよくなってきた……」と悩まれていました。勇気を出して購入した、憧れのバッグ。捨てるという選択肢なんてなかったはずなのに、今は持ちたいとも思わないという心境の変化に、少し戸惑っているようでもありました。確かに、以前のFさんに捨てるという選択肢はなかったでしょう。だからといって、どうでもいいと思っている今も、過去の自分と同じ決断をするというのは最善の選択なのでしょうか。

罪悪感を抱きがちな決断の変化ですが、変わるのは自然なことです。結局、Fさんはバッグの処分を決断されました。

環境が変われば考え方が変わり、そのときに大切にしたいことも変わります。変化を

受け入れ、大切にしたいことは都度更新していきましょう。そうすれば、かつてのように自分を置いてきぼりにすることもありません。

大切なのは、**常日頃からしっかりと自分に目を向けることです。**おうちカフェ時間や整理整頓を通して、自分自身に目を向け続け「私も変化しているのだな」とアップデートを楽しんでいきましょう。

「3ヵ月前の自分」と「今の自分」を比べて振り返る

変化を楽しめるようになったら、過去の自分と今の自分と違いを比べてみましょう。思わぬ気づきを得ることができるはずです。

同じような毎日が続いていると、なかなか変わらない現実に焦り落ち込んでしまうもの。しかし、3ヵ月前との違いをちゃんと見てみると、変化を遂げているものです。

人は、劇的な変化を求めがちです。「たった1ヵ月で5キロ減！」「起業して3ヵ月で月商7桁達成！」というように、短期的な変化にはやはり心惹かれ、それが素晴らしいと思ってしまうものです。しかしその刺激に振り回され、早く結果を出さなければ、早く何かを手に入れなくては、と焦り、自分を見失う人は後を絶ちません。それが結局、ひとりよがりで求められていない頑張りにつながり、頑張っているのに上手くいかない……という現実を引き寄せるのです。

実際のところ、こんな劇的な変化はそうそう起こりません。小さな変化を起こし続けた先に大きな変化があり、それは今まで積み重ねてきた努力や経験、時間があるからこそ得られるものです。であるにも関わらず、劇的な変化を起こすのは当たり前なのに……とできない自分を責めていては、心理的な負担になるだけです。

整理整頓も、最初は「ゴミ袋10袋分捨てました！」「大きな家具を廃棄しました！」といった劇的な変化はあるかもしれませんが、その後は整理し続ける中でじわじわ起こる小さな変化がほとんどです。その小さな変化を積み重ねるからこそ、いつの間にか部屋も心もスッキリしているという大きな変化を遂げているのです。

振り返るために比べるのは、他人ではありません。過去の自分です。

3ヵ月前の自分と今の自分を比べ、何を達成しましたか？

どんな学びがありましたか？

自分はどう変わったと思いますか？

どうすれば、もっと理想的な変化を遂げることができそうですか？


かつての自分が何を考えどんな生活をしていたのか、改めて振り返るからこそ、自分と向き合う過程は本当に効果があったのかどうかを知ることができます。

一見、何も変わっていないようでも変化を遂げています。そこにしっかりと目を向けてあげることができるか、その変化を受け入れてあげることができるか、です。

「過去の自分」からは目を逸らし「未来の自分」ばかりに目を向けるのではなく、両方の私に目を向けながら、これからの人生を切り拓いていきましょう。

エピローグ

自分と向き合えたら一生無敵！
心が喜ぶマイライフを楽しもう

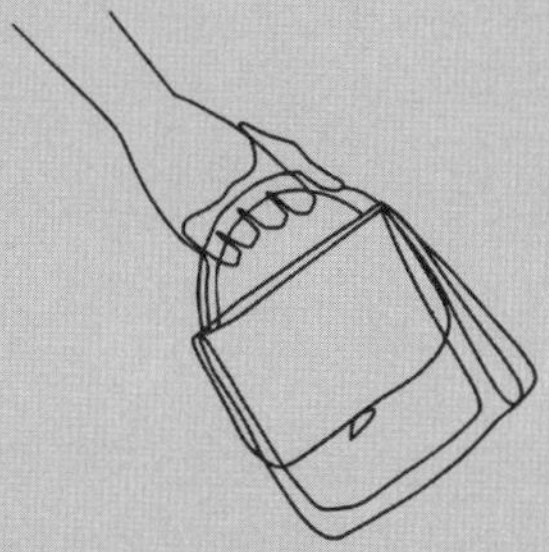

本当の「自分を大切にする」ということ

もし、私が自分迷子の沼にはまっていなかったとしたら。ここまで自分に向き合う人生を歩んでいたでしょうか。今こうやって執筆しながら過去を振り返っていると、たくさん自分に向き合ってきたんだなあ……としみじみ思います。生きづらさから目をそらし、自分に向き合ってこなかったから、余計に苦しくなっていた過去。経験してよかったな、とは決して思わないですし、経験しないに越したことはないでしょう。とはいえ、結果として人生や在り方を振り返ることができたのは、自分らしく生きるために必要な経験だったなと感じています。

「自分を大切にしようね」という言葉をいくら目にしていても「そうだよな」と思いながら後回しにして、実際に行動に移さない方が大半です。そうしているうちに、歳を重ね、体力がなくなり、気力もなくなり、行動できなくなり……。さらに自信もなくなり、身動きが取れなくなるという悪循環を引き起こします。かつての私のように、スキルや資格、モノ、他の誰かで自分を満たそうとしても、満たされることはなく余計虚しさが募るだけ。

この状態を抜け出すためにやはり大切なのは、まずはありのままの自分を受け入れること。そして、今の自分にとって必要なモノを取捨選択し、決断による成功体験を増やし、自信を積み重ねていくこと。この過程をたどっていけば、「自分なんて……」と思っていた人生も、本当はかけがえのないものだと気づくことができます。そして自分を好きになり、今まで以上に大切にしようと思えるようになるはずです。

今まで放置してきた分、自分を大切にするのは難しいと感じるかもしれません。しかし、人を大切にできるのであれば、自分も大切にできます。優しく大切に接し続けていれば、だんだん心を開いてくれて、何を思っているのか、何がしたいのかを伝えてくれるようになります。

自分を大切にするというのは、笑顔になることでまわりも笑顔にすることであり、決してわがままに生きることではありません。慣れない選択に最初はまわりの目が気になるかもしれませんが、それこそが手に入れたかった生き方のはずです。最初の一歩をひとりで踏み出すのは、不安になるでしょう。しかし、たとえ最初はひとりだったとしても、そんなあなたがいい！　と言ってくれる人、支え合える人と必ず出会えます。本気で自分を生きている人は、自分と向き合い前に進もうとする人に惹かれるからです。

「自分を生きようとしていない誰か」の顔色を伺うのではなくて、

私の進みたい道は本当にこっちかな？
自分の本質とズレた選択をしていないかな？
他人の敷いたレールを歩いていないかな？

と、都度自分の立ち位置を確認しながら、無理のないペースで満足いく人生を歩ませて上げる。これこそが、本当の自分を大切にするということではないでしょうか。

人はいつでも何度でも生まれ変わることができる

人生は一度きり。分かりきっていることでも、私たちはついこの事実から目をそらし、心から求めている訳ではない人生を歩もうとしてしまいます。
歳を重ねれば重ねるほど、生き方を大きく変えること、軌道修正をすることに抵抗が生まれます。私には無理なんじゃないかな?と思うかもしれません。しかし、どんな性格でも、どんな過去があったとしても、変わると決めさえすれば理想の「私」に生まれ変わることができます。

そのためにはじっくり自分に向き合い、深く知ってあげましょう。

何に惹かれ、何を求めるのか。どう在りたいのか。自分を知ることで初めて、どう変わりたいのかがわかり、理想像を描くことができます。どう変わりたいのかがわからないのであれば、それは感性が鈍っているということ。整理整頓をして、しっかりと心を動かしましょう。
誰かが描いた誰かの理想ではなく、自分の理想を描くことができるようになればそこで初めて、あなたの人生を歩むことができます。

私はずっと自信がなく、自分を諦め妥協するのが当たり前で生きてきました。自分の人生なのに違和感があるのが嫌で、でもどう変えればいいのかがわからなくて、心の奥底では苦しみながら生きてきました。

しかし、整理整頓をして自分自身と向き合う中で自信がついたこと、その状態から抜け出せたこと。これで本当に楽になったんです。

自信というものは、自分で決断して行動していかないと身につかないことです。「自信がない……」と言っているうちは、思考量も行動量も少なく、決断を避けている状態なので、そこから自力で抜け出す必要があります。誰かに言われて行動するのではなく、自分で気づき、行動を起こすからこそ、たくさんの学びを得ることができるのです。

決断して行動できるようになると、本当に世界が変わります。

それは、我慢してつくりあげている今の自分が見ている世界とは別の世界です。

これからも人生は続きます。家で黙々と整理整頓するだけで、今とは違う人生を歩めるようになったら。変わることができるとしたら。

そんな未来が手に入るとしたら、あなたはいつ手に入れますか？

私は、自分をもっと大切にできる人、自分らしく輝ける人が増えたらいいなと願いながら今の仕事をしています。

ここまで読んでくださったあなたも、整理整頓をしながら本当の自分らしさを取り戻し、心も身の回りも身軽になって、一緒にこれからの人生を切り拓いていきましょう。

これから先のあなたの人生が、笑顔あふれるものであるように、自分を諦めることなくのびのびと歩んでいけるように、願っています。

本書で取り上げた「自己肯定感」を語る上で、切っても切り離せないのが親の存在です。私自身も、整理整頓をきっかけに向き合う時間をかなり増やしました。正直、本に書くことを躊躇していましたが、ここに触れずにいることは根本的な悩みの解決にならないと判断し、今回はこうして取り上げました。

不器用で愛情表現もわかりにくい我が家の両親ですが、今ならその想いもわかります。これからも、お互い好き勝手生きて、たまに一緒に旅行して、お酒を飲んで、共に過ごせる時間を大切にできたら幸せです。

そして、本書を書くきっかけをくださったIご夫妻、ありがとうございました。お二人の一生懸命な姿に、私も頑張ろうと思えました。綺麗なおうち、キープしてくださいね。

また、Jディスカヴァーの城村さん、みらいパブリッシングのとうのさん、岡田さん、出版というチャンスをくださり、ありがとうございました。何者でもない私の企画をいいと言ってくださったこと、背中を押し続けてくださったこと、感謝申し上げます。

これまで、人生に関わってくださった皆様、本当にありがとうございます。
そして、本書を手に取り最後まで読んでくださったあなたも、ありがとうございます。

自分の人生自分次第です。

自分を信じて自分らしく、生きていきましょう。

小川かほり

小川かほり / ライフコーチ / 自分迷子の沼脱出コーチ

TidyLife 代表

1983 年　岡山県生まれ

幼稚園教諭・保育士・スターバックスの時間帯責任者を経て 2020 年に独立。

幼少期より本音に蓋をして自分を偽り、自分を責め続けながら、ズレた頑張りを続けて人生の大半を過ごす。
20 代後半から 30 代前半にかけて結婚、退職、転勤、程なくして離婚を経験。生きづらく、うまくいかない人生から抜け出したいと整理整頓を始める。モノを通して自分と向き合うなか、気付けばおうちがスッキリと片付いただけでなく、「自分は自分のままでいいんだ」と思考も変化。
その後、コーチングを学び、整理整頓術とコーチングをベースにしたサービスを開始。

のべ 100 名が受講。「自信をもって行動できるようになった」「パートナーシップが改善した」と喜びの声多数。

国際コーチ連盟（ICF）承認 NLP プロフェッショナルコーチ認定プログラム修了。

整理整頓術×コーチング体験を
特別価格でご案内

本をお買い求めいただいた方限定で、「整理整頓術×コーチング」を特別価格で体験していただけます。

✓整理整頓してみようかな……と思ったけれど、何からやればいいのかわからない
✓じっくり整理整頓したいから、進め方の相談をしたい
✓部屋は綺麗なので、心の整理整頓のアドバイスが欲しい
✓自分はどのタイプにも当てはまらない気がするけど、これってどうなんだろう……

など、本を読み進める中で湧き上がった整理整頓熱を活かすため、疑問を解決するために一度相談にいらしてみませんか？
じっくりとお話を聞かせていただいた上で、具体的なアドバイスをさせていただきます。もちろん、コーチングも含まれているので「自分の中から答えが引き出される感覚」「行動を起こしたくなる感覚」も味わっていただけるはずです。

QRコードを読み取っていただき、ホームページの「最新のお知らせ」内にある「本を購入して下さった方へ」というリンクから、パスワードを記入してお申込みください。

パスワード：jibunmaigononuma

お話できることを楽しみにしています。

こじらせ女子《じょし》の整理整頓術《せいりせいとんじゅつ》

じぶんデトックス

2023年2月24日　初版第1刷

著　者　小川かほり

発行人　松崎義行

発　行　みらいパブリッシング

〒166-0003 東京都杉並区高円寺南4-26-12 福丸ビル6階
TEL 03-5913-8611　FAX 03-5913-8011
https://miraipub.jp　MAIL info@miraipub.jp

企画協力　Jディスカヴァー

編　集　岡田淑永

ブックデザイン　洪十六

発　売　星雲社（共同出版社・流通責任出版社）

〒112-0005 東京都文京区水道1-3-30
TEL 03-3868-3275　FAX 03-3868-6588

印刷・製本　株式会社上野印刷所

ISBN978-4-434-31525-1 C0095